W0286771

Greimel

PCO-Syndrom

Die studierte Diätologin **Judith Greimel** mit einem Aufbaustudiengang in Ernährungsmedizin hat eine ganz klare Berufung: Mit einer guten Ernährungsberatung Menschen zu helfen! Schon mit ihrer Abschlussarbeit tauchte sie tief in das Thema PCOS ein, das sie seitdem nicht mehr loslässt. Denn dass gerade bei dieser Erkrankung eine gezielte Ernährung hilft, erlebt sie täglich in ihrer Beratungspraxis. Die gebürtige Österreicherin lebt und arbeitet in Mannheim und betreibt die Website *www.fertileaty.com*, die sich speziell an Frauen mit PCO-Syndrom wendet.

Judith Greimel

PCO-Syndrom

Das Kochbuch für die Hormon-Balance

TRIAS

Geleitwort

Lange hat die deutsche PCOS-Gemeinschaft darauf warten müssen und nun endlich ist es da. **Ein Buch** über das PCO-Syndrom (PCOS), die weit verbreitete Hormonstoffwechselstörung, die Erkrankung mit den vielen Gesichtern, die facettenreicher kaum sein könnte. Diese Vielfalt an Symptomen und Ausprägungen macht es manchmal so schwer, eine gesicherte Diagnose zu erlangen. Bis dahin ist oft eine große Unsicherheit und Verwirrung über die spürbaren körperlichen Veränderungen vorherrschend. Frauen mit PCOS sind dick oder dünn, groß oder klein, entsprechen dem Apfel- oder doch eher dem Birnentyp, haben einen regelmäßigen oder auch unregelmäßigen Zyklus, haben Kinder oder auch nicht, haben Pickel oder auch nicht, Haarausfall oder eine wallende Mähne, rasieren sich im Gesicht oder am ganzen Körper oder haben es gar nicht nötig, nehmen Medikamente oder benötigen gar keine. Allen gemeinsam ist sicher eines – das Syndrom und die Symptome sind unerwünscht.

Ein Buch, das seinen Fokus auf die Ernährung legt, auf etwas, das trotz der vielen Unterschiede, die die betroffenen Frauen zeigen, alle etwas angeht. Denn ob nun Übergewicht und eine Insulinresistenz vorherrschen oder nicht, von einer guten, vollwertigen Ernährung profitieren alle. Eine Ernährungsumstellung und die richtige Taktik verbessern nicht nur Blutwerte, sondern haben langfristig auch eine Auswirkung auf klinische Symptome, auf die Lebensqualität und das Wohlbefinden jeder Einzelnen. Das Vertrauen in den eigenen Körper zurückzuerlangen und sich darin wieder wohlzufühlen, ist ein sehr wichtiger Punkt in der Behandlung des PCO-Syndroms und wird leicht unterschätzt. Dabei ist es gerade das gute Körpergefühl, das »Frausein«, das mit dem Auftreten der Symptome verloren geht und erst zurückerobert werden muss. Gutes, leckeres Essen und seine Zubereitung befähigen die Frauen, etwas für sich zu tun und es sich gut gehen zu lassen. Die Rezepte im Buch sind wichtige Bausteine und geben Vertrauen und Kraft in das eigene Handeln.

Ein Buch, das den Frauen Mut macht, nicht nur mit Hilfe der Ernährung dem PCO-Syndrom die rote Karte zu zeigen und wichtige Schritte zu gehen, um das Syndrom in den Griff zu kriegen. Dazu gehören zusätzlich regelmäßige Bewegung und eventuell eine medikamentöse Unterstützung. Die komplizierten Stoffwechselzusammenhänge werden verständlich erklärt und versetzen die Leserinnen und Leser damit in die Lage, die Hintergründe der Erkrankung besser zu verstehen. Verständnis, was im eigenen Körper vorgeht, ist der erste Schritt auf dem Weg zu einem guten PCOS-Management. Dieses Management ist langfristig für die Erhaltung der Gesundheit und der Lebensqualität unerlässlich. Denn auch nach der Menopause müssen Frauen mit PCOS gut für sich sorgen.

Wir danken Judith Greimel für dieses tolle Buch, das aus ihrem umfangreichen Wissen um PCOS und um Ernährung entstanden ist. Sie hat ihre Kraft und ihre eigene Erfahrung in dieses Buch einfließen lassen und darin gebündelt. So wie die Autorin versuchen wir bei der *PCOS Selbsthilfe Deutschland e.V.*, die Kräfte der betroffenen Frauen zu bündeln, aufzuklären über die Erkrankung und jede Einzelne in die Lage zu versetzen, selbst etwas für ihre Gesundheit zu tun und sich nicht ihrem Schicksal zu ergeben, auch wenn das oft am verführerischsten und einfachsten erscheint. In diesem Sinne: Unterkriegen lassen gilt nicht!

Kerstin Futterer
Vorstandsvorsitzende *PCOS Selbsthilfe Deutschland e.V.*
www.pcos-selbsthilfe.org/

PCOS
Selbsthilfe
Deutschland e.V.

Liebe Leserinnen,

jede Frau, die davon betroffen ist, wird es bestätigen: Am PCO-Syndrom (PCOS) zu leiden ist ganz schön frustrierend. Für viele Frauen vergehen Jahre, bis ihre Symptome endlich einen Namen erhalten. Mit der Diagnosestellung werden die Sorgen allerdings meistens nicht weniger. Zweifel wie »Kann ich jemals schwanger werden?« oder »Werde ich an Diabetes erkranken?« bereiten den Frauen Kopfschmerzen. Und wer auf Heilung hofft, wird enttäuscht. Denn diese gibt es leider nicht.

Diese Situation habe auch ich erlebt. Aus der anfänglichen Schockstarre ist bei mir jedoch mit der Zeit ein starker Handlungswunsch erwacht.

Vermutlich möchten auch Sie selbst gegen die Erkrankung aktiv werden und suchen Rat und Hilfe. Doch vielleicht bekommen Sie wie viele andere Betroffene immer wieder gut gemeinte, aber oft wenig hilfreiche Anweisungen wie »Nehmen Sie doch einfach ab!« Oder aber es wird Ihnen eine Wunderdiät verkauft, die die Probleme aller Frauen mit PCOS in Luft aufzulösen verspricht.

Mit diesem Buch möchte ich Ihnen genau das nicht vermitteln. Es gibt weder eine Wunderheilung noch eine Wunderdiät. Deshalb ist das, was auf Ihrem Teller landet, aber noch lange nicht bedeutungslos: Ernährung ist einer von vielen Puzzlesteinen der Therapie. Umso besser also, wenn Sie mit richtigem Essen und Trinken Ihr Gesundheitsprojekt »PCO-Syndrom« aus ganzheitlicher Perspektive aktiv angehen!

Bei diesem Vorhaben möchte ich Ihnen die Hand reichen. Ich stelle Ihnen die wichtigsten, wissenschaftlich erprobten Ernährungsmaßnahmen vor, die Ihnen etwas von der Last des PCOS nehmen. Sehen Sie die Vorschläge in diesem Buch bitte nicht als starres Schema, sondern als Basis für Ihren eigenen Weg an. Jede Frau hat ihre individuellen Bedürfnisse. Und für diese gibt es auch genug Spielraum, den Sie zusammen mit professioneller Hilfe abklären können.

Das PCOS wird für Sie vermutlich ein lebenslanger Begleiter sein. Vielleicht wird es auch immer wieder für die eine oder andere Hürde auf der Strecke sorgen. Aber ich lade Sie dazu ein, sich dafür zu stärken und Ihren Weg mit der richtigen Verpflegung zu bewältigen!

Ihre Judith Greimel

Die richtige Ernährung beim PCO-Syndrom

Was tun, wenn die Hormone Achterbahn fahren? Mit einer gezielten Ernährung können Sie lästige Beschwerden lindern und dauerhaft abnehmen. So fühlen Sie sich schon bald wieder wohler!

Mein perfekter Tag

»Hier möchte ich Ihnen meine drei Lieblingsrezepte vorstellen! Ergänzen Sie diese Mahlzeiten nach Bedarf gerne noch um die ein oder andere gesunde Zwischenmahlzeit, damit Sie Ihren individuellen Energiebedarf decken.«

Gebackenes Frühstücks-Quinoa

Für 2 Personen

⏲ 15 Min. + 20 Min. Garzeit

80 g Quinoa • 20 g Leinsamen (gemahlen) • 180 ml zuckerfreie Mandelmilch • etwas Zitronensaft und -schale • etwas Vanillemark • 1 Banane (zerdrückt) • 1 Ei • 2 EL Mandelblättchen • 300 g frische Beeren

Quinoa und Leinsamen in der Mandelmilch aufkochen, bis die Flüssigkeit aufgenommen wurde. Mit den restlichen Zutaten, bis auf die Mandelblättchen und Beeren, gleichmäßig vermengen. ● Die Masse in zwei kleine Auflaufförmchen füllen und mit Mandelblättchen bestreuen. Im Backofen bei 170 °C etwa 20 Minuten backen. Das Quinoa mit den Beeren servieren.

Nährwerte pro Portion: 398 kcal / 15 g E / 16 g F, davon 2 g gesättigte Fette / 46 g KH / 15 g Ba

Lachs auf Gerste

Für 2 Personen
ca. 45 Min.
100 g Rollgerste • 400 ml Gemüsebrühe • 200 g Brokkoli • 1/8 l zuckerfreie Mandelmilch • Saft und Schale einer Zitrone • 1 TL Olivenöl • 1 Knoblauchzehe • 2 Frühlingszwiebeln • Chili, Salz, 1 kleines Stück Ingwer, 1 Handvoll glatte Petersilie • 40 g Erdnüsse • 2 Lachsfilets à 100 g

Die Rollgerste in der Gemüsebrühe zugedeckt ca. 30 Minuten halbgar kochen. Den in kleine Röschen zerkleinerten Brokkoli und die Mandelmilch hinzufügen und alles zusammen weitere 5 Minuten zugedeckt weitergaren. • Zitronensaft und -schale mit Olivenöl, zerdrücktem Knoblauch, in Ringe geschnittenen Frühlingszwiebeln Chili, Salz, gehacktem Ingwer und Petersilie und den grob gehackten Erdnüssen vermischen. • Den Lachs auf die Brokkoli-Gerste legen, mit der Marinade bestreichen und zugedeckt ca. 10 Minuten im Dampf gar ziehen lassen. Mit Petersilie bestreuen.

Nährwerte pro Portion: 510 kcal / 33 g E / 21 g F, davon 4 g gesättigte Fette / 46 g KH / 9 g Ba

Avocado-Bohnen-Wrap

Für 2 Personen 20 Min.
½ Glas gekochte Kidneybohnen (Abtropfgewicht 110 g) • 2 EL Tomatenmark • 1–2 TL Tabasco • 2 EL Olivenöl • Salz, Pfeffer • ½ Avocado, in Längsstreifen geschnitten • 1 EL Zitronensaft • 4 fruchtige Tomaten (gewürfelt) • 1 Frühlingszwiebel (in Ringe geschnitten) • ½ kleine Dose Mais (Abtropfgewicht 70 g) • 2 Vollkorn-Tortilla-Wraps (Fertigprodukt) • 4 große Blätter Salat

Die Kidneybohnen mit Tomatenmark, Tabasco, Olivenöl, etwas Salz und Pfeffer pürieren. Avocadostreifen mit Zitronensaft beträufeln. Tomatenwürfel, Zwiebelringe und Mais mischen. • Wraps nach Packungsanleitung erwärmen. Mit Bohnencreme bestreichen und mit je einem Salatblatt und der Tomaten-Mais-Mischung sowie den Avocadostreifen belegen. Wraps einrollen und servieren.

Nährwerte pro Portion: 431 kcal / 13 g E / 20 g F, davon 3 g gesättigte Fette / 47 g KH / 12 g Ba

Warum Sie die Ernährung bei PCOS umstellen sollten

Ernährung hilft! Und das erwiesenermaßen auch beim PCO-Syndrom. Eine Schlüsselrolle bei Ihrer Ernährungsumstellung spielen Ihr Gewicht und Ihr Insulinspiegel.

Eine gute Nachricht: Es gibt Hoffnung auf Besserung für alle, die am Polyzystischen Ovarsyndrom (engl. **P**oly**c**ystic **O**vary **S**yndrome, kurz: PCOS) leiden – einer Erkrankung, die unseren Hormonhaushalt aus dem Takt bringt. Einer Erkrankung, bei der sich unsere Regelblutung nicht an fixe Termine hält, die uns mit Gewichtszunahme belasten und auch die Erfüllung unseres Kinderwunsches in weite Ferne rücken lassen kann. Als Eingeweihte nicken Sie nun wahrscheinlich mit dem Kopf, da Sie genau das am eigenen Leib erfahren. Was Ihre Beschwerden lindern kann? Eine konsequente Ernährungsumstellung und ein aktiver Lebensstil!

Wenn Hormone verrücktspielen

Am PCOS zu leiden heißt, von einer sehr komplexen, hormonellen Erkrankung betroffen zu sein. Unter den vielen möglichen Symptomen gibt es die unregelmäßigen Regelblutungen, ausbleibenden Eisprünge und die erhöhten Spiegel der typisch männlichen Hormone (Androgene) im Blut. Die Folge davon können dann unerfüllter Kinderwunsch, Akne, Haarausfall am Kopf oder auch vermehrter Haarwuchs am Körper sein. Doch damit nicht genug: Wenn Sie PCOS haben, kennen Sie möglicherweise auch noch ein paar andere unangenehme Begleiterscheinungen: Übergewicht, Insulinresistenz, erhöhte Blutfettwerte oder auch erhöhter Blutdruck.

Das Syndrom kann also für eine ganz schöne Reihe von Beschwerden sorgen. Einige von ihnen sind stark miteinander verwoben und verstärken sich sogar gegenseitig, etwa die Insulinresistenz und das hormonelle Ungleichgewicht.

Wenn Sie nun zum ersten Mal von all diesen Symptomen hören und noch gar nicht so recht verstehen, was das PCO-Syndrom eigentlich ausmacht, dann blättern Sie am besten zum Kapitel »PCOS verstehen« (Seite 152). Dort finden Sie die wichtigsten medizinischen Hintergrundinformationen zum PCO-Syndrom, sodass Sie Ihre Erkrankung besser begreifen können.

Erfolgsstrategie Ernährung

Vielleicht kommt es auch Ihnen manchmal so vor, als seien all diese unangenehmen Symptome bei PCOS ein Teufelskreis, den Sie kaum durchbrechen können. Doch es gibt Hoffnung: Mit gezielter Ernährung können Sie Ihre Beschwerden abmildern. Zahlreiche Studien, in denen die Auswirkungen von Ernährung und Bewegung untersucht wurden, stützen diese These. Es lohnt sich also durchaus, gegen die Krankheit aktiv zu werden! So konnten bereits viele Frauen mit PCO-Syndrom durch veränderte Essgewohnheiten die erhöhten männlichen Hormone im Blut vermindern, die verlängerten Regelzyklen wieder etwas verkürzen und auch die Häufigkeit von Eisprüngen erhöhen. Nebenbei reduzierten diese Frauen laut Studien ihr Übergewicht und viele verbesserten ihren Stoffwechsel, da ihre Zellen wieder besser auf das Hormon Insulin reagierten. Auch Sie können schon bald zu diesen erfolgreichen Frauen gehören und mit einer Ernährungsumstellung viele Ihrer PCOS-Symptome lindern: Fangen Sie am besten schon heute damit an!

Auf der Prioritätenliste Ihres Ernährungsplans bei PCOS stehen zwei Punkte ganz oben: Das Management Ihres Körpergewichts und Ihres Insulinspiegels. Denn der Großteil aller PCOS-Betroffenen muss sich mit zu vielen Kilos oder der sogenannten Insulinresistenz herumschlagen.

Was versteht man unter Insulinresistenz?

Insulinresistent zu sein bedeutet, dass die Körperzellen auf das Signal des blutzuckersenkenden Hormons Insulin nicht ausreichend reagieren. Dadurch produziert der Körper im Versuch, doch noch gegenzusteuern, verhältnismäßig viel Insulin. Viele Frauen mit PCOS haben darüber hinaus auch noch mit Übergewicht zu kämpfen, was die Insulinresistenz wiederum verschlechtert.

Das Fatale daran ist, dass sowohl das Übergewicht als auch die Insulinresistenz die hormonelle Situation, die Fruchtbarkeit und Zyklusdauer bei PCOS beeinträchtigen (Seite 165). Im Doppel sorgen sie für noch mehr Unheil, da sich beide Faktoren gegenseitig verstärken! Je mehr Sie zunehmen, desto ausgeprägter wird Ihre Insulinresistenz und desto stärker der negative Einfluss auf Ihr PCOS. Darüber hinaus sind Übergewicht und Insulinresistenz die Wegbereiter für Diabetes, erhöhte Blutfette, erhöhten Blutdruck und Herz-Kreislauf-Erkrankungen, für welche Sie als Frau mit PCOS

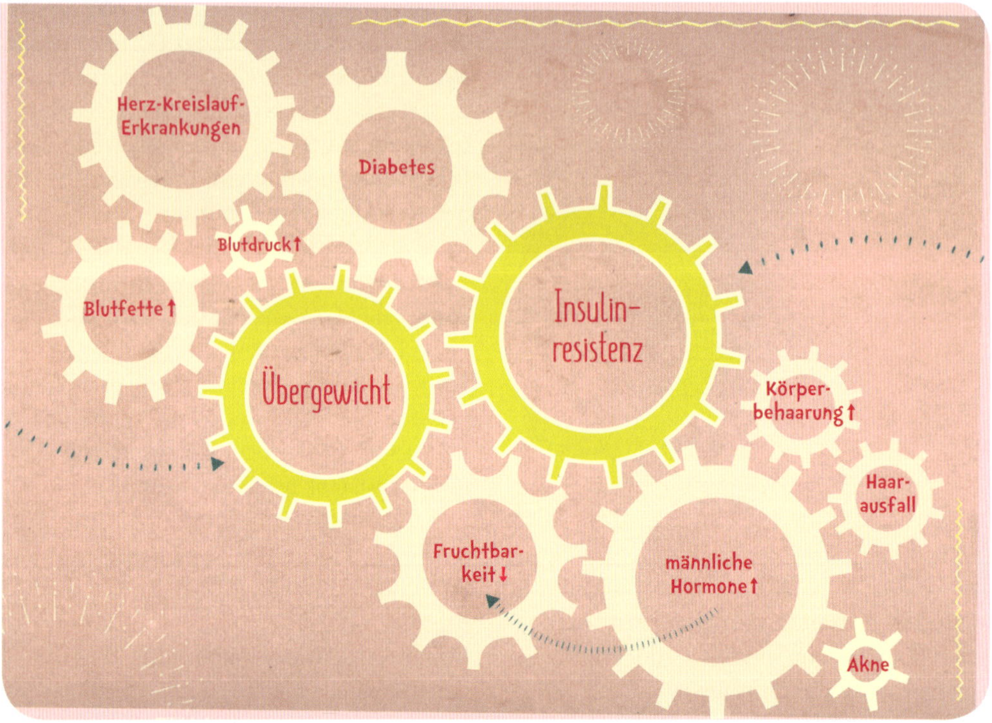

Wie Übergewicht und Insulinresistenz Ihr PCOS steuern

ohnehin bereits ein höheres Risiko tragen. Ein wahrer Teufelskreis!

Übergewicht und Insulinresistenz sind also sehr zentrale Einflussfaktoren Ihres PCOS – auch wenn sie nicht alle Phänomene des Syndroms erklären können und auch nicht die eigentliche Ursache dafür sind, warum die Erkrankung ausbricht. Aber beide Faktoren treiben die Symptom-Zahnräder im Getriebe des PCOS so stark mit an (siehe Abb. oben), dass Sie sie nicht ignorieren sollten.

Was zählt: Gewichts- und Insulinmanagement

Wenn Sie also von Übergewicht bzw. Insulinresistenz (Seite 167) betroffen sind, legen Sie am besten gleich heute los, um diese in den Griff zu kriegen! Mit dem richtigen Lebensstil, einer kalorienbewussten Ernährung und körperlichem Training reduzieren Sie Ihr Körpergewicht und verbessern Ihren Insulinspiegel. Lenken Sie durch Gewichts- und Insulinmanagement die Rädchen »Übergewicht« und »Insulinresistenz« in den »Umkehrgang«, dann geschieht dasselbe auch mit vielen weiteren Symptomen des PCOS: Sie nehmen ab, bessern Ihre Hormon-Balance, Ihren Zyklus und Ihre Fruchtbarkeit und wirken der Entwicklung von Diabetes und Herz-Kreislauf-Erkrankungen entgegen.

Die beiden Ansatzpunkte »Gewichtsmanagement« und »Insulinmanagement« stellen die wissenschaftlich fundierte Basis für effektive Ernährungsmaßnahmen bei PCOS dar.

Doch selbst wenn Sie normalgewichtig sind oder bisher keine Insulinresistenz diagnostisch festgestellt wurde, sind diese zwei Ansätze für Sie entscheidend.

Gewichtsmanagement: leichter durchs Leben!

Wenn Sie mit Ihrem Gewicht zu kämpfen haben. Gerade dann stellt das Abnehmen die sinnvollste erste Therapiemöglichkeit dar. Schon ein paar Kilo weniger können einen messbaren Unterschied für Sie ergeben: Bereits ab einer Gewichtsabnahme von 5 Prozent sinken laut Untersuchungen hohe Spiegel der männlichen Hormone im Blut deutlich ab. Es kommt dadurch zu Verbesserungen der Fruchtbarkeit: Kürzere Zyklen sowie häufigere Eisprünge sind wieder feststellbar.

Durch Abnehmen können Sie bei PCOS sogar doppelt punkten: Einerseits reagieren Ihre Zellen wieder empfindlicher auf Insulin, wodurch der Insulinspiegel sinkt. Dadurch werden im Eierstock weniger männliche Hormone gebildet, die das hormonelle Ungleichgewicht befeuern. Der zweite Vorteil: Da das Fettgewebe zu einer nachteiligen Hormonproduktion beitragen kann (Seite 165), kann diese bei Gewichtsabnahme entsprechend wieder etwas eingedämmt werden.

Wenn Sie Ihr Gewicht halten wollen. Auch wenn Sie normalgewichtig sind oder gerade erst abgenommen haben, brauchen Sie einen funktionierenden Ernährungsfahrplan! Denn das (erlangte) Wunschgewicht zu halten ist mindestens genauso wichtig wie das Abnehmen selbst und zählt wohl zu den schwierigsten Unterfangen. Gewonnen ist erst, was Sie auch auf lange Sicht behalten können.

Leider ist eine Gewichtszunahme im Laufe unseres Lebens fast schon vorprogrammiert. Dieser vorzubeugen ist von enormer Bedeutung, damit Sie weiteren unnötigen Belastungen auf Ihr PCOS entgegenwirken können. Im Schnitt nehmen Menschen pro Jahr in etwa ein halbes bis ein Kilo zu. Das scheint zwar zunächst einmal nicht viel und mag nicht auffallen. Über die Jahre hin summiert sich diese Gewichtszunahme allerdings. Hinterher wieder abzunehmen ist für viele Frauen mit PCOS alles andere als einfach. Wenn Sie Ihr Gewicht mit dem Älterwerden im Großen und Ganzen halten können, haben Sie schon viel erreicht!

Neben dem Gewicht ist aber auch die Körperzusammensetzung, also das Verhältnis von Muskelmasse und Fettgewebe, von Bedeutung. Insbesondere zu viel Bauchfett (Seite 166) wirkt sich negativ auf das Hormon-Ungleichgewicht von Frauen mit PCOS aus. Davon können Sie, selbst wenn Sie normalgewichtig sind, verhältnismäßig viel haben.

Insulinmanagement: richtig essen und bewegen!

Ein hoher Insulinspiegel trägt bei PCOS dazu bei, dass Ihr Eierstock vermehrt männliche Hormone produziert, was die lästigen Symptome wie unreine Haut, unerwünschten Haarwuchs oder Zyklusstörungen bedingen kann. Setzen Sie deshalb mit »Insulinmanagement« da an, wo die Probleme ihren Ausgang nehmen: Alle Maßnahmen, die den Insulinspiegel wieder senken, tragen auch zu einem häufigeren Eisprung und einem verbesserten Hormonstatus bei.

Ihren erhöhten Insulinspiegel kriegen Sie z. B. in den Griff, indem Sie überschüssiges

Fett abbauen. Aber auch unabhängig davon, ob Sie nun abnehmen oder nicht, können Sie durch Ihre Ernährungsweise direkten Einfluss auf Ihren Insulinspiegel nehmen. Mit richtigem Essen und Trinken dämpfen Sie die Insulinausschüttung nach Mahlzeiten und beugen Heißhungerattacken vor. Wenn Sie sich zusätzlich auch noch im optimalen Ausmaß bewegen, verbessern Sie Ihre Körperzusammensetzung und machen Ihre Zellen wieder sensibler für Insulin.

Wenn keine Insulinresistenz festgestellt wird. Insulinmanagement ist natürlich besonders wichtig, wenn eine Insulinresistenz diagnostiziert worden ist. Aber nicht immer können mit den Tests aus der Praxis Störungen oder leichte Ausprägungen nachgewiesen werden. Von Ernährungsmaßnahmen, die sich auf den Insulinspiegel auswirken, können möglicherweise aber auch Frauen ohne diagnostizierte Insulinresistenz profitieren. Denn es gibt Hinweise, dass die Eierstöcke von Frauen mit PCOS selbst bei »normalen« Insulinspiegeln auf Insulin besonders überempfindlich reagieren.

Kinderwunsch oder nicht – jede Frau mit PCOS profitiert

Legen Sie also am besten gleich mit Ihrer Ernährungsumstellung los, ganz gleich, in welcher Situation Sie sich gerade befinden:

Sie wünschen sich ein Baby?

- **Natürlich schwanger werden.** Gerade wenn Sie übergewichtig sind und schwanger werden möchten, stehen eine Ernährungsumstellung und Bewegung laut Experten an erster Stelle, um Ihre Fruchtbarkeit zu erhöhen.
- **Unterstützung der Kinderwunschtherapie.** Einer aktuellen Studie zufolge erhöht eine Gewichtsabnahme von ca. 6 Prozent bei starkem Übergewicht und PCOS die Erfolgschancen der Clomifentherapie.
- **Gut versorgt.** Eine gesunde Ernährung leistet einen wichtigen Beitrag dafür, dass Sie gut versorgt mit Vitaminen und Mineralstoffen in die Schwangerschaft starten können. Denn gerade in Schwangerschaft und Stillzeit sind sowohl Ihr Körper als auch Ihr Baby besonders auf eine ausreichende Nährstoffversorgung angewiesen. Die nährstoffreichen Rezepte und der Basis-Ernährungsplan (Seite 64) in diesem Buch können Sie auf diese Zeit gut vorbereiten.
- **Komplikationen vorbeugen.** Haben Sie gewusst, dass Ihre Zellen in der Schwangerschaft unempfindlicher für Insulin werden? Frauen mit PCOS entwickeln leider häufig Schwangerschaftsdiabetes. Wenn Sie auch noch mit Übergewicht oder einer übermäßigen Gewichtszunahme zu kämpfen haben, kann all das negative Folgen für Sie als Mutter und Ihr Kind mit sich bringen. Beginnen Sie also am besten frühzeitig damit, Ihren Lebensstil zu ändern – so schaffen Sie ideale Voraussetzungen für eine gesunde, herbeigesehnte Schwangerschaft!

Sie nehmen die Pille?

- Die Pille scheint auf den ersten Blick alle Probleme des PCO-Syndroms zu lösen: Überraschende, unregelmäßige Blutungen gehören der Vergangenheit an und für eine bessere Hormon-Balance und auch für schönere Haut ist gesorgt. Selbst die vielen »Eierstockzysten« sind verschwunden, da der Eisprung ja komplett unterdrückt wird. Allerdings können sich einige hormonelle Verhütungsmittel, je nach Zusammensetzung, negativ auf den Stoffwechsel (z. B. verstärkte Insulinresistenz) und das Herz-Kreislauf-System (z. B. höheres Thromboserisiko) auswirken. Ein gesunder, aktiver Lebensstil und ein nicht zu hohes Körpergewicht sind also eine sehr sinnvolle Ergänzung zur Pille!

Sie möchten Ihre Hormone natürlich regulieren?

- Vielleicht haben Sie sich – aus welchen Gründen auch immer – gegen hormonelle Verhütungsmittel wie die Pille entschieden. Gerade dann brauchen Sie andere wirksame Strategien, wie Sie für eine gute Hormone-Balance und eine regelmäßige Periode sorgen können. Denn wenn Sie weiterhin stark verlängerte oder gar ausbleibende Zyklen haben, riskieren Sie eventuell eine Überwucherung der Gebärmutterschleimhaut. Es ist also durchaus ratsam, auch ohne die Einnahme der Pille die Ernährung umzustellen!

Den Stoffwechsel in Schuss halten

- Auch bei PCOS gilt: Vorbeugen ist besser als hinterher heilen! Denn viele Frauen mit PCO-Syndrom entwickeln auf lange Sicht chronische Zivilisationserkrankungen wie Diabetes oder Herz-Kreislauf-Erkrankungen. Auch das lästige Körpergewicht nimmt mit den Jahren eher zu. Mit der richtigen Ernährung können Sie diese Entwicklung aufhalten. Ihre Gesundheit und Ihre Hormone werden es Ihnen danken!

Werden Sie selbst aktiv

Für eine so facettenreiche Erkrankung wie das PCO-Syndrom gibt es nicht nur die eine Ernährungslösung. Ihre Symptome und individuellen Bedürfnisse entscheiden mit, wie Ihre Ernährung im Einzelfall aussehen kann. Aber keine Sorge, Sie müssen sich Ihren Ernährungsplan nun nicht selbst erarbeiten. Es gibt wichtige Eckpfeiler für die Ernährung bei PCOS, an denen Sie sich orientieren können. Zunächst werde ich Ihnen die Maßnahmen vorstellen, mit denen Sie erfolgreich Ihr Körpergewicht und Ihren Insulinspiegel in den Griff bekommen können. Bei der Auswahl der einzelnen Lebensmittel zeige ich Ihnen, welchen individuellen Spielraum Sie haben. Und außerdem räumen wir mit Mythen und kontraproduktiven Ernährungsempfehlungen bei PCOS auf. So werden Sie bald erkennen, welche Maßnahmen wissenschaftlich belegt sind und gleichzeitig Ihren individuellen Bedürfnissen und Vorlieben gerecht werden können. Schritt für Schritt werden Sie nun selbst Expertin für Ihre Erkrankung.

Ernährung – ein Puzzleteil Ihres Therapieplans

Vielleicht werden Sie nicht alle Ihre Symptome allein mit der Ernährung in den Griff kriegen können. Das wäre zu viel erwartet. Auch andere Therapiestrategien und Medikamente werden bei PCOS wohl nicht alle Probleme sofort beseitigen können. Wenn Sie die besten Ergebnisse für sich erzielen wollen, werden Sie womöglich mehrere Ansätze gleichzeitig verfolgen müssen, wobei die Ernährung jedoch immer die fixe Basis sein wird. Betrachten Sie Ihren Lebensstil als zentralen Puzzlestein im Therapieplan, der sich ganz wunderbar mit den anderen ergänzt. Essen Sie sich gesund!

Trotz PCOS zum Wunschkind: Was hilft, schwanger zu werden

Ihr Kinderwunsch ist groß, aber mit der Schwangerschaft klappt es einfach nicht? Auch mit PCOS können viele Frauen ein Baby bekommen – allerdings braucht es dafür meist deutlich mehr Geduld.

Viele, wenn auch nicht alle Frauen mit PCO-Syndrom leiden unter verlängerten Zyklen ohne Eisprung. Das kann zu einer erheblichen Belastung werden, wenn man sich nichts sehnlicher wünscht als ein Kind. Verlieren Sie aber deshalb nicht den Mut! Denn die Wahrscheinlichkeit einer Schwangerschaft kann erhöht werden, indem man den Eisprung mit therapeutischer Unterstützung auslöst.

Werden Sie zur »Eisprung-Detektivin«

Ob Sie Eisprünge haben oder diese medikamentös ausgelöst werden müssen, können Sie mit Ihrer Ärztin oder Ihrem Arzt durch Zyklusanamnese sowie die Bestimmung von Hormonwerten im Blut in Erfahrung bringen. Doch Sie können auch selber zur »Eisprungdetektivin« werden. Durch Selbstbeobachtung (z. B. durch die Techniken der »natürlichen Familienplanung« NFP) lässt sich trotz PCOS in Erfahrung bringen, ob und wann Eisprünge stattfinden. Dafür beobachten und dokumentieren Sie im Laufe Ihres Zyklus bestimmte, zyklusabhängige Zeichen Ihres Körpers (den im Gebärmutterhals gebildeten Zervixschleim, die Basaltemperatur). Falls Eisprünge stattfinden, kann dieses neu erlangte Körperwissen für Sie sehr hilfreich sein, um Ihre Chancen zu erhöhen, auf natürliche Weise schwanger zu werden. Übliche Maßnahmen zur Bestimmung des Eisprungs hingegen, z. B. anhand der Kalendermethode oder mithilfe von Ovulationsteststäbchen, sind bei PCOS allerdings nicht verlässlich. Denn gerade beim PCO-Syndrom halten sich weder der Eisprung noch die Regelblutung an fixe Termine. Und beim Ovulationstest wird das luteinisierende Hormon LH gemessen, das bei PCOS ohnehin meist erhöht ist, ohne dass ein Eisprung stattfinden muss.

Mittel der ersten Wahl

Ein Gewichtsverlust von 5 bis 10 Prozent kann bei Übergewicht effektiv helfen, Zyklen mit Eisprüngen wiederherzustellen. Sollten Sie also zu viel Gewicht auf die Waage bringen, dann wird Ihnen Ihre Gynäkologin oder Ihr Gynäkologe vor allem zu einer Veränderung Ihres Lebensstils, d. h. zu einer Gewichtsabnahme durch eine Ernährungsumstellung und mehr Bewegung raten.

Starkes Übergewicht birgt außerdem (besonders bei PCOS) Risken für Mutter und Kind während der Schwangerschaft. Eine Gewichtsreduktion vorab ist also absolut empfehlenswert. Sollten Sie allerdings normalgewichtig sein, müssen Sie natürlich nicht abnehmen, wenn Sie schwanger werden wollen.

Clomifen, bei PCOS und Babywunsch ein relativ häufig verschriebenes Medikament, gaukelt der Hirnanhangsdrüse vor, dass im Körper zu wenig Östrogen vorliegt. Deshalb reagiert die Gehirnstruktur mit einer gesteigerten Produktion von LH und FSH, Hormonen, die Zyklus und Eisprung regeln. Der Eisprung kann so bei 60 bis 85 Prozent der Frauen in Gang gesetzt werden. Eine Schwangerschaft tritt aber nur in etwa der Hälfte der Fälle ein. Clomifentabletten sollten außerdem nicht häufiger als sechs Zyklen lang verwendet werden.

Letrozol ist ein Wirkstoff, der die Umwandlung von Androgenen zu Östrogenen im Körper hemmt. Dadurch sinkt der Östrogenspiegel. Das Resultat ist wiederum, dass die Hirnanhangsdrüse mit einer erhöhten Hormonproduktion antwortet und so den Eisprung stimuliert.

Die Therapien mit Clomifen wie auch mit Letrozol stehen allerdings mit dem Risiko von Mehrlingsschwangerschaften in Verbindung.

Mittel der zweiten Wahl

Gonadotropine, d. h. die Hormone der Hirnanhangsdrüse (FSH und LH), können auch direkt durch Injektionen zugeführt werden, um den Eierstock zu steuern. Pro Zyklus kommt es hier aber nur in 20 bis 25 Prozent der Fälle zu einer Schwangerschaft. Neben dem Risiko für Mehrlingsschwangerschaften besteht hier die zusätzliche Gefahr, dass der Eierstock zu stark angeregt wird und dass mit einer sogenannten ovariellen Überstimulation der »Schuss nach hinten« losgeht, d. h. es wachsen und reifen viel zu viele Follikel heran und der Eierstock vergrößert sich stark.

Laparoskopische Operationen wie das ovarielle Drilling (LOD) werden zwar nicht standardmäßig eingesetzt, können aber erwogen werden, wenn Sie z. B. nicht auf Clomifen ansprechen. Bei diesem chirurgischen Eingriff werden an der Oberfläche des Eierstocks bewusst sogenannte kleine Stichelungen gesetzt, die einen Teil des Eierstockgewebes zerstören, wodurch der Spiegel typisch männlicher Hormone gesenkt wird. Ein möglicher Nachteil dieser Methode sind Verwachsungen, die nach dem Eingriff entstehen können.

Die In-vitro-Fertilisation (IVF) kann empfohlen werden, wenn die beschriebenen medikamentösen Therapien oder die Lebensstiländerung versagt haben oder weitere Faktoren der Unfruchtbarkeit vorliegen.

Metformin bei Kinderwunsch? Die Einnahme des Medikaments Metformin (auch in Kombination mit Clomifen) wirkt sich nur unwesentlich auf Ihre Chancen aus, tatsächlich schwanger zu werden. Es erhöht zwar im Vergleich zu einem Scheinwirkstoff die Eisprungrate, trotzdem bleiben aber Clomifen oder Letrozol Mittel der ersten Wahl, da sie hinsichtlich der Chancen auf Eisprünge, eine Schwangerschaft und ein Baby deutlich besser abschneiden.

Ein wichtiges Ziel: das Wunschgewicht erlangen oder erhalten

Für jede Frau mit PCOS (egal ob über- oder normalgewichtig) spielt das Gewicht, aber besonders das Fettgewebe, eine entscheidende Rolle in der Symptomatik der Erkrankung und für die Fruchtbarkeit. Deshalb muss das Ziel einer jeden PCOS-Betroffenen lauten, entweder ihr individuelles Wunschgewicht zu erreichen oder dieses zu halten. Dafür gilt es eine Strategie zu finden, die effektiv, gesund und langfristig für Sie umsetzbar ist – und den Bedürfnissen Ihres Stoffwechsels bei PCOS entgegenkommt.

Ob Sie nun erfolgreich abnehmen, Ihr Gewicht halten oder auch nicht, bestimmt nach aktuellem Stand der Wissenschaft immer noch Ihre Energiebilanz! Das bedeutet, dass Sie erst dann Körpergewicht verlieren, wenn Sie über einen längeren Zeitraum weniger Kalorien aufnehmen als verbrauchen. Dieses Prinzip steht über allem anderen. In den Medien wird das allerdings oft nicht so dargestellt, denn mit einer solchen Botschaft macht man weniger Schlagzeilen als etwa mit den Versprechen einer neuen Wunderdiät, die sich außerdem noch wunderbar vermarkten lässt.

Natürlich könnten Sie Ihr Gewicht auch mit einer beliebigen Diät zu reduzieren versuchen. Aber was nützt es, wenn diese Diät gar nicht in Ihr Leben passt? Und Sie vielleicht deswegen schneller wieder in alte Muster zurückfallen, als Sie es sich wünschen?

Deshalb werden Sie auf den folgenden Seiten keine neue Diät kennen lernen, sondern das Wichtigste über die entscheidenden Wirkmechanismen der Energiebilanz erfahren. So können Sie anschließend Ihre individuelle Entscheidung treffen, mithilfe welcher gesunden Ernährungsform Sie Ihr Gewichtsziel erreichen bzw. halten möchten.

Warum Diäten (zuerst) funktionieren

Natürlich sind die Versprechen vieler Diäten verlockend. Denn sie werben mit bisher unentdeckten, vermeintlich super wirksamen Strategien, mit denen auch Sie endlich Ihre überschüssigen Pfunde loswerden können. Von der Energiebilanz ist erst einmal gar keine Rede. Gerne werden stattdessen bestimmte Nährstoffe als »Bösewichter« dargestellt, die es zu vermeiden gilt – nur so könne man abnehmen. Oder es seien vermeintliche Unverträglichkeiten, die zu Übergewicht führen. Erst wenn Sie sich strikt entsprechend der »Methode« ernähren, purzeln wie versprochen die Kilos.

Nun verrate ich Ihnen das Geheimnis dieser Diäten, das eigentlich keines sein sollte: Die meisten Diätstrategien führen nur Scheinargumente an, die vom zugrunde liegenden Mechanismus der Energiebilanz ablenken. Das Weglassen von Lebensmitteln und Lebensmittelgruppen (aus welchem Grund auch immer) führt zu einem Energiedefizit, wodurch Sie abnehmen. Und wenn eine Diät Ihnen, basierend auf einem Scheinargument, einen 1000-kcal-Ernährungsplan vorschreibt, dann nehmen Sie vor allem deswegen ab, weil Sie nur 1000 kcal pro Tag zuführen, aber nicht, weil Sie nun entsprechend der »einzig richtigen« Diätmethode essen. Jede Diät, die funktioniert, setzt im Grunde auf die Rechnung der Energiebilanz!

Gerne lenken Ernährungsgurus aber vom eigentlichen Problem der Energiebilanz ab.

Denn an den wahren Gründen zu arbeiten, die zu Übergewicht führen, ist etwas komplizierter: Bei jedem sind es wohl andere Faktoren, die zu einem Kalorienüberschuss beitragen. Deshalb gibt es keine Patentlösung zum Abnehmen.

Sie möchten nun also gerne lösungsorientiert an Ihre Gewichtsproblematik herangehen? Dann lernen Sie die Faktoren kennen, die in Ihrem Fall zu einer Schieflage der Energiebilanz geführt haben. Die können sowohl mit dem Kalorienverbrauch als auch mit der -zufuhr zu tun haben.

Energie in Balance

Vereinfacht können Sie sich Ihre Energiebilanz als Waage mit zwei Waagschalen vorstellen. In der einen Waagschale befinden sich alle Kalorien, die Ihnen aus Speisen und Getränken zu Verfügung stehen (Energieaufnahme). In der anderen sind sämtliche Kalorien, die Sie verbrennen (Energieverbrauch). Befinden sich Verbrauch und Aufnahme über einen Zeitraum hinweg im Gleichgewicht, halten Sie Ihr Gewicht auch stabil. Keine Sorge, Sie müssen nicht jeden Tag exakt dieses Gleichgewicht erreichen. Das ein oder andere Festessen oder auch ein Couch-Potato-Tag wird alleine noch keine negativen Konsequenzen nach sich ziehen.

Gewichtszunahme passiert nicht von heute auf morgen. Übergewicht entsteht dann, wenn über längere Zeit hinweg die zugeführte Energiemenge den Verbrauch übersteigt. Da Ihr Körper nicht sehr verschwenderisch ist, speichert er die überschüssigen Kalorien vor allem als Fett im Fettgewebe oder auch Kohlenhydrate in Form eines Zuckerspeichers in Leber und Muskel ab.

Ein Kaloriendefizit führt zur Gewichtsabnahme

Wenn Sie nun abnehmen möchten, dann erreichen Sie ein »Kaloriendefizit«, indem Sie entweder Ihren Verbrauch steigern oder Ihre Energiezufuhr vermindern. Idealerweise kombinieren Sie beides. Die Energiebilanz-Rechnung scheint allerdings einfacher, als sie wirklich ist. Denn sie suggeriert, dass Abnehmen einfache Mathematik ist, man müsse doch einfach nur weniger essen und sei daher selbst schuld am Übergewicht. Aber so ist es nicht. Lernen Sie die Faktoren kennen, die beide Seiten der Waagschale beeinflussen!

Kalorienverbrauch – einfach mehr Bewegung?

Ihr täglicher Energieverbrauch setzt sich aus drei Faktoren zusammen: aus Ihrem Grundumsatz (60 bis 70 Prozent), Ihrem Leistungsumsatz (20 bis 30 Prozent) und dem Energiebedarf, der für die Verdauung von Speisen benötigt wird (10 Prozent).

Der Grundumsatz. Der Grundumsatz ist die Menge an Energie, die Sie benötigen, um überhaupt leben zu können. Mit dieser Energie halten Sie die Grundfunktionen Ihres Körpers wie Atmung, Herztätigkeit etc. am Laufen. Der Grundumsatz macht mit ca. 60 bis 70 Prozent sogar den Großteil Ihres Energiebedarfs aus. Wie hoch der Grundumsatz ist, ist aber von Mensch zu Mensch unterschiedlich.

Diese Faktoren beeinflussen Ihren Grundumsatz (GU):

- **Größe**: Je größer Sie sind, desto höher Ihr GU.
- **Alter**: Je älter Sie sind, desto niedriger Ihr GU.

Knackiger Sellerie-Apfel-Salat

Sellerie und Apfel sättigen trotz des geringen Kaloriengehalts sehr gut. Als Salat vor der Hauptmahlzeit gegessen, ist so der Hunger früh gestillt – was beim Kaloriensparen hilft!

Für 2 Personen
ca. 10 Min.

2 TL Dijonsenf • 2 EL Apfelessig • 2 EL Olivenöl • etwas Zitronensaft • Salz, Pfeffer • ½ Sellerieknolle • 1 kleiner Apfel • 2 Selleriestangen und 2 EL gehacktes Selleriegrün • 2 EL frische, gehackte Petersilie

- Für die Marinade Senf, Essig, Öl, Zitronensaft, Salz und Pfeffer miteinander vermengen.
- Sellerieknolle und Apfel fein hobeln, Selleriestangen in dünne Scheiben schneiden.
- Das Gemüse mit der Marinade vermengen und mit gehacktem Selleriegrün und Petersilie bestreuen.

Nährwerte pro Portion:
147 kcal / 3 g E / 9 g F, davon 1 g gesättigte Fette / 12 g KH / 6 g Ba

- **Gewicht**: Je schwerer Sie sind, desto höher Ihr absoluter GU (der relative GU pro kg Körpergewicht sinkt allerdings, wenn Sie Gewicht zunehmen).
- **Geschlecht**: Frauen haben aufgrund der geringeren Muskelmasse einen niedrigeren GU als Männer.
- **Körperzusammensetzung**: Je mehr Muskulatur, desto höher der GU.

Nur zwei dieser Einflussfaktoren auf Ihren Grundumsatz können Sie steuern: Ihr Körpergewicht und Ihre Körperzusammensetzung. Wenn Sie abnehmen, wird Ihr Grundumsatz allerdings anders als erwünscht nicht höher, sondern niedriger. Denn Ihr leichterer Körper benötigt nun weniger Energie dafür, die geringere Masse zu erhalten. Damit Sie Ihr neues Gewicht halten und nicht wieder zunehmen, müssen Sie Ihre Energiezufuhr also nun neu auf den niedrigeren Energieverbrauch anpassen. Andernfalls droht der Jo-Jo-Effekt und Sie nehmen schnell wieder zu.

Die einzig langfristig sinnvolle Möglichkeit, dem Absinken Ihres Grundumsatzes entgegenzuwirken, ist der Aufbau von Muskulatur. Denn Muskelmasse verbraucht auch in Ruhe Kalorien. Je mehr Sie also davon haben, desto höher liegt Ihr Grundumsatz.

Der Leistungsumsatz. Von Stehen, Gehen, Sporttreiben, Arbeiten über Spielen bis hin zu Zappeln: Alles, was Sie tun, erfordert Energie. Je aktiver Sie sind, desto mehr Kalorien verbrennen Sie und desto höher liegt Ihr Leistungsumsatz. In der Regel macht dieser zwar nur einen kleinen Teil des Gesamtenergieverbrauchs aus (20 bis 30 Prozent), trotzdem haben Sie es hier aber zu 100 Prozent in der Hand, wie hoch dieser Anteil im Endeffekt ausfällt.

Am Verbrauch kurbeln

Wenn Sie Ihr Kaloriendefizit mit Bewegung und Sport erreichen möchten, schrauben Sie nicht nur am Leistungs-, sondern indirekt auch am Grundumsatz. So schlagen Sie gleich zwei Fliegen mit einer Klappe! Wenn Sie sich intensiv bewegen, liegt Ihr Leistungsumsatz auf einem höheren Niveau. Es steigt dabei nicht nur der Energieverbrauch, sondern auch die Muskulatur wird aufrechterhalten und gekräftigt. Ein trainierter Muskel verbraucht wiederum auch in Ruhe mehr Energie und Sie profitieren so vom erhöhten Grundumsatz.

Bewegung scheint als Strategie zum Abnehmen also vielversprechend. Dennoch bringt Studien zufolge vermehrte Bewegung leider oft nur kleinere Abnehmerfolge als eine Ernährungsumstellung. Waren auch Ihre sportlichen Bemühungen bisher nur von wenig Erfolg gekrönt? Dafür kann es mehrere Gründe geben – doch es gibt auch Lösungen, wie Sie gegensteuern können:

Kalorien verbrennen ist mühsam: Viele überschätzen den Kalorienverbrauch durch Sport. Eine 70 kg schwere Frau verbrennt in einer halben Stunde Fahrradfahren (15 km/h) ca. 150 kcal. Das entspricht der Kalorienmenge von ca. zwei kleinen Bananen. Sich täglich ordentlich Kalorien abzustrampeln ist wohl anstrengender als dieselbe Kalorienmenge auf der Zufuhrseite einzusparen.

Die Lösung: Kombinieren Sie Bewegung mit Ernährungsmaßnahmen. Die Ernährung steht beim Abnehmen eher im Vordergrund. Sehen Sie ein gleichzeitiges Bewegungsprogramm eher als Maßnahme, Ihren Grundumsatz zu pushen. Möchten Sie Ihr Gewicht allerdings halten, dann nimmt Bewegung wieder an Bedeutung zu.

Die Waage trügt: Es kann sein, dass Training Ihre Körperzusammensetzung positiv verändert. Wenn Sie Fettmasse abbauen und an Muskelmasse zulegen, kann es allerdings auf der Waage so aussehen, als ob nichts passiert wäre. Aber gerade solche Veränderungen sind absolut positiv!

Die Lösung: Setzen Sie zur Verlaufskontrolle nicht nur auf die Waage, sondern verwenden Sie auch Maßbänder. Eine Bio-Impedanz-Analyse (BIA, Seite 167) ist zusätzlich hilfreich, damit Sie im Verlauf Ihrer Lebensstiländerung die Veränderungen Ihrer Körperzusammensetzung abschätzen können.

Kompensation durch »Faulenzen«: Gerade nach einem anstrengenden Training sind wohl die meisten von uns einfach erledigt. Keine Frage, Ausruhen und Pausen nach dem Training sind für die Regeneration des Muskels enorm wichtig. Doch wenn nach der Bewegungseinheit mehr Ruhen und Sitzen als üblicherweise folgt, kann sich das auf die Energiebilanz wieder negativ auswirken.

Die Lösung: Verausgaben Sie sich nicht übermäßig! Da jede Art von Bewegung zählt, können Sie auch viele kleine Aktivitäten unternehmen, die sich ebenfalls zu einem gesteigerten Energieverbrauch summieren. Auf lange Ruhephasen danach können Sie anschließend dann verzichten.

Kompensation durch Essen: Wer kennt das nicht? Nach einem Aufenthalt im Schwimmbad oder einer langen Fahrradtour schmeckt das Essen besonders gut! So kann es sein, dass Ihnen trotz Sport und Fitnessstudio der Hunger einen Strich durch die Rechnung macht und Sie Ihr Kalorienkonto gleich wieder unnötig belasten.

Die Lösung: Nichts zu essen nach dem Sport ist natürlich keine Alternative. Denn so kann sich Ihr Muskel auch nicht ideal regenerieren und leidet. Eine kleine, ausgewogene Mahlzeit, die sowohl etwas Eiweiß als auch Kohlenhydrate enthält, ist gut für Ihre Muskulatur. Am besten legen Sie Ihre Trainingseinheit so, dass Sie vor einer ohnehin geplanten Mahlzeit stattfindet.

Kalorienzufuhr – einfach weniger essen?

Auf die Zufuhrseite Ihrer Energiebilanz fällt alles, was Sie an Kalorien zu sich nehmen. Die Kalorie aus dem Apfel zählt hier genauso dazu wie die in der Limonade oder der Tüte Pommes. So scheint es also prinzipiell egal zu sein, was Sie essen – Hauptsache, die Kalorienzahl stimmt. So weit die Theorie. In der Praxis geht die Kaloriengleichung aber nicht ganz auf, denn die Rechnung wurde ohne die Mitspieler Sättigung und Sattheit gemacht – vom gesundheitlichen Aspekt der Lebensmittel einmal abgesehen.

Ein Beispiel: Man stellt Ihnen eine mittelgroße Tüte Pommes frites (115 g) oder fünf Äpfel als Mahlzeit bereit. Wahrscheinlich würden Sie bereits nach dem dritten Apfel aufgeben, während Sie nach der verzehrten Portion Pommes fragen, wo nun der Burger bleibt. Und das, obwohl die bereitgestellten Mengen gleich viel Kalorien enthalten! Wann Sie genug gegessen haben, hängt also nicht nur vom Erreichen eines gewissen Kalorienpensums ab. Dazu fehlt dem Körper leider die dazugehörige Alarmglocke, die rechtzeitig klingelt, wenn der Kalorienbedarf gedeckt ist.

Eine Kalorie sättigt also nicht unbedingt wie die andere. Kalorien- oder zuckerreiche

Speisen wie Frittiertes, Süßigkeiten, alkoholische Getränke und Co. gelten deshalb nicht ohne Grund als Dickmacher. Ob es Ihnen also wirklich gelingen kann, Ihr Kalorienziel zu erreichen, ist von der Lebensmittelauswahl, Ihrem Essverhalten, aber auch Ihrem Hunger- und Sättigungsgefühl abhängig.

An der Zufuhr schrauben

Es gibt mehrere Möglichkeiten, wie Ihre gesunde Ernährung zum Gewichthalten bzw. Abnehmen aussehen kann. Eine Ernährungsweise mit einer sinnvollen Zusammenstellung von Lebensmitteln hilft Ihnen dabei, Ihr Kalorienziel zu erreichen, ohne dass Sie Kalorien zählen müssen. Gepaart mit einem bewussten Essverhalten stellen Sie so die Weichen, um die natürlichen Signale von Hunger und Sättigung wieder besser wahrnehmen zu können.

Was sollten Sie bei PCOS bevorzugt essen?
Da die Insulinresistenz ein zentraler Punkt Ihres PCO-Syndroms ist, sollten Sie bevorzugt eine Ernährungsform wählen, die die Ausschüttung von Insulin nicht überstrapaziert und »langsame« Kohlenhydrate enthält, das wären also z. B. hochwertige Kohlenhydrate aus möglichst naturbelassenen Nahrungsmitteln, die lange sättigen und den Blutzucker nur wenig ansteigen lassen. Das Konzept des glykämischen Index und der glykämischen Last (GI/GL, ab Seite 43) kann diesbezüglich für Sie hilfreich sein. Damit lassen sich auch reaktive Unterzuckerungen und Heißhungeranfälle besser vermeiden. Mit dieser Ernährungsweise fällt es Menschen außerdem erwiesenermaßen leichter, ihr Kalorienziel zu erreichen und abzunehmen, als bei einem herkömmlichen, fettarmen Diätplan.

Wie eine solche Ernährungsweise bei PCOS konkret aussehen kann, verrät Ihnen der Basis-Ernährungsplan (Seite 64). Das Fundament dieser Ernährungsweise bilden pflanzliche, möglichst naturbelassene Lebensmittel, die langsam wirksame Kohlenhydrate enthalten. Ergänzt wird die Kost durch hochwertige Öle, Nüsse und magere Eiweißlieferanten. Im Rezeptteil finden Sie viele tolle Ideen, die

PCOS-Probleme: reaktive Unterzuckerungen.

Kennen Sie das? Ihr Körper verlangt verhältnismäßig kurz nach einer Mahlzeit wieder nach Zucker, Sie fühlen sich unwohl, zittrig, unkonzentriert oder erleben regelmäßig Heißhungerattacken? Dann könnten Sie – wie so viele Ihrer PCOS-Gefährtinnen auch – von sogenannten »reaktiven Unterzuckerungen« betroffen sein. Aufgrund der erhöhten Insulinausschüttung kann der Blutzuckerspiegel nämlich innerhalb weniger Stunden nach einer Mahlzeit übermäßig stark absinken. Sie werden wieder hungrig oder von einer Heißhungerattacke überfallen und können gar nicht anders, Sie müssen nun essen. Solche reaktiven Unterzuckerungen sind bei Frauen mit PCOS weit häufiger feststellbar als bei gesunden Frauen. Und man nimmt sogar an, dass bei PCOS genau dadurch der Weg zum Übergewicht geebnet werden könnte. Von diesem Phänomen ist übrigens auch jede zweite schlanke Frau mit PCOS betroffen.

Ihnen zeigen, was man mit diesen gesunden Zutaten alles zaubern kann.

Wie sollten Sie essen?

Ob am Ende ein Kalorienplus entsteht, hängt in der Praxis nicht nur davon ab was, sondern auch wie Sie essen. Denn auch ungünstige Essverhaltensmuster können dazu beitragen, dass gerade Frauen mit PCOS mehr essen, als sie eigentlich benötigen. Damit Sie die natürlichen Gefühle von Hunger und Sättigung wieder wahrnehmen und in Folge auch darauf hören können, genießen Sie Ihre Mahlzeiten am besten regelmäßig, in Ruhe und ohne Ablenkung!

Finden Sie heraus, wie es um Ihr Essverhalten bestellt ist:

- Essen Sie aus Appetit, Heißhunger oder echtem Hunger?
- Fühlen Sie sich schon während, am Ende der Mahlzeit oder immer erst einige Minuten danach satt? Wie fühlt sich das überhaupt an? Welche Signale müssen eintreten, damit Sie aufhören zu essen? Welche Rolle spielen Portionsgrößen und Essensreste dabei?
- Essen Sie manchmal aus Langeweile, Frust oder zur Belohnung? Essen Sie, wenn Sie viel zu tun haben, schnell oder nebenbei? Bestimmen Gewohnheiten und soziale Aspekte Ihre Nahrungsaufnahme mit?
- Leiden Sie an Essstörungen oder seelischen Erkrankungen wie Depressionen, bzw. vermuten Sie es?

Es ist gar nicht so einfach, schlechte Essgewohnheiten abzulegen, aber mit Geduld und viel Übung können Sie jede Gewohnheit durch eine neue ersetzen. Eine Übung für den Einstieg in ein bewussteres Essverhalten finden Sie weiter hinten im Buch (Seite 33).

Warum Kalorienzählen Unfug ist

Wenn Sie sich eine strenge Diät mit fixer Kalorienmenge verordnen, lenkt Sie dies nur von Ihren tatsächlichen Baustellen ab. So haben Sie keine Chance, die flexible Kontrolle Ihres Essverhaltens zu erlernen. Ständig Kalorien im Auge zu behalten und berechnen zu müssen ist auf Dauer zu mühsam. Kalorienzählen verleitet außerdem dazu, aufgrund einer zur Verfügung stehenden Kalorienmenge zu essen und nicht, weil der Magen knurrt – oder umgekehrt, aufzuhören, wenn sich erste Sättigungszeichen bemerkbar machen.

Keine Frage, nichts spricht gegen ein gewisses Bewusstsein für Kalorien und Nährwerte von Speisen und Lebensmitteln. Daher finden Sie in diesem Buch auch Nährwertangaben bei den Rezepten. Als grober Anhaltspunkt gilt, ein Kaloriendefizit von ca. 500 kcal/Tag zu erreichen, das für eine mäßige Gewichtsabnahme empfohlen wird. Gleichzeitig sollten Sie auch darauf achten, dass Sie nicht zu wenig (d. h. in der Regel nicht weniger als 1500 kcal) aufnehmen. Denn bei einer so geringen Kalorienmenge ist z. B. eine ausreichende Nährstoffzufuhr nicht sicher gewährleistet, selbst wenn Sie gesunde Lebensmittel wählen.

Abnehmen ja – aber ohne Stress

Bitte übertreiben Sie das Kaloriensparen beim Abnehmen nicht! Denn ist Ihr Energielevel zu niedrig, fehlt Ihnen die Energie, um effektiv Sport zu treiben und hinterher die Regeneration des Muskels optimal zu unterstützen. Ihr Gewicht wird dann laut Waage zwar weniger, höchstwahrscheinlich jedoch vor allem auf Kosten von Wasser und Muskulatur. Auch Ihre Konzentrationsfähigkeit lässt nach, wenn Sie zu wenig Kalorien zu sich nehmen. Setzen Sie Ihren

Körper zu sehr auf Sparflamme, wird er früher oder später gegen Ihren strengen Diätplan rebellieren! Gerne holt er sich dann durch abendliche Heißhungerattacken das zurück, was Sie ihm untertags versagt haben.

Auch wenn beim PCO-Syndrom Gewichtsverlust wichtig ist – sehr schnelles Abnehmen wirkt sich höchstwahrscheinlich sogar eher negativ auf die Fruchtbarkeit von PCOS-Betroffenen aus: In einer Studie verabreichte man Frauen mit PCOS in einem bestimmten Zeitraum vor der künstlichen Befruchtung Diät-Shakes mit ca. 500 kcal pro Tag. Man versuchte so, schnell noch das Maximum an Gewichtsverlust zu erreichen. Anders als die Wissenschaftler erwartet hatten, war die künstliche Befruchtung bei den Frauen, die sich dieser Extremkur unterzogen hatten, seltener erfolgreich verlaufen als bei Frauen, die sich nicht dieser Diät unterzogen hatten.

Es geht also nicht darum, dass Sie schnell viel abnehmen müssen, damit Besserung für Ihr PCOS eintritt. Mit gutem Gewissen können Sie ohne Zeitdruck, dafür aber nachhaltig abnehmen! Denn laut Studien kann bereits ein relativ kleiner Gewichtsverlust zu positiven Veränderungen beim PCO-Syndrom führen.

Keine Panik bei Stillstand auf der Waage!

Sie haben nun also mit der Ernährungsumstellung begonnen und sind auch körperlich aktiver geworden, treiben mehr Sport. Die ersten Erfolge auf der Waage sind bald sichtbar, Sie sind nahezu euphorisch und machen voll motiviert weiter. Denn Ihr persönliches Ziel haben Sie noch nicht ganz erreicht. Sie tun, was Sie können. Aber nach einiger Zeit stellen Sie fest, dass die Zahl auf der Waage immer langsamer abnimmt. Und schließlich tut sich nichts mehr. Wie ärgerlich!

Nun heißt es, sich ja nicht unterkriegen zu lassen und nicht in alte Muster zu verfallen. Sonst geht Ihr Gewicht schneller wieder hoch, als es Ihnen lieb ist. Wappnen Sie sich stattdessen gegen dieses Phänomen des Gewichtsstillstandes! Wenn Sie die Gründe dafür verstehen, können Sie auch die richtigen Schlüsse daraus ziehen.

Grund 1: Vielleicht waren Sie zu Beginn der Lebensstiländerung besonders motiviert und haben sich sehr viel bewegt und äußerst gesund gegessen. Bleiben Sie realistisch. Überdenken Sie, ob Ihre Ansprüche nicht zu hoch waren! Vieles lässt sich auf Dauer einfach nicht so fortführen. Es ist eine enorme Leistung, sich für längere Zeit an eine veränderte Lebensweise zu halten. Hadern Sie nicht mit sich, wenn Sie nicht all das schaffen, was Sie sich gewünscht haben, oder zwischendurch mal von einer Heißhungerattacke überfallen werden. Schrauben Sie Ihre Ansprüche etwas herunter! Auch »Rückfälle« sind ganz normal. Leider werden sie jedoch in unserer Gesellschaft gerne als Versagen betrachtet. Ein Rückfall ist aber erst dann ein Rückschritt, wenn Sie ihn nicht für sich nutzen. Aus jedem Rückfall können Sie etwas Positives machen! Zum Beispiel lernen, was dazu geführt hat, dass eine Maßnahme in der gewünschten Konsequenz nicht umsetzbar war. Oder eine Strategie entwickeln, wie Sie es in Zukunft besser machen könnten. Vielleicht hilft Ihnen eine solche Erfahrung auch dabei, Ihre Situation einfach realistischer zu sehen. So wird aus einem Rückfall ein simpler Vorfall, der Sie in Wirklichkeit sogar weiterbringt!

Grund 2: Gewichtsverlust unterliegt immer leichten Schwankungen! Wenn der Durchschnittsmensch es schafft, jeden einzelnen Tag des Jahres das empfohlene tägliche Kaloriendefizit von 500 kcal zu erreichen, dann beträgt sein durchschnittlicher Gewichtsverlust im ersten Jahr ca. 12,5 kg. Hält er sich nach dem ersten Jahr nun weiter täglich ans Kaloriendefizit, dann nimmt er etwa weitere 11 kg ab – allerdings innerhalb der nächsten drei Jahre!

Selbst unter der strikten Einhaltung von Diät und Bewegungsplan flacht der Gewichtsverlust mit der Zeit also deutlich ab. Warum das passiert, ist folgendem Phänomen zuzuschreiben: Je mehr Sie abnehmen, desto stärker vermindert sich auch Ihr Grundumsatz. Selbst dann, wenn Sie diesen mit Bewegung wieder ankurbeln, ist Ihr Energieverbrauch nach der Gewichtsabnahme geringer. Weil Ihre Energie-Balance nun auf einem niedrigeren Niveau liegt, müssten Sie also immer wieder »nachlegen« und zusätzliche Kalorien einsparen, um weiter an Gewicht zu verlieren. Daher ist es so schwer, weiter abzunehmen oder das Gewicht auf dem niedrigen Niveau zu halten. Verfallen Sie allerdings nun aus Frust in Ihre alten Muster, nehmen Sie noch schneller zu, da Ihr Körper durch den verminderten Grundumsatz nun weniger Energie als zuvor verbraucht: Der sogenannte Jo-Jo-Effekt tritt ein.

Warum die Pfunde bei jedem unterschiedlich schnell purzeln

Wie viel Gewicht man bei einem täglichen Kaloriendefizit von 500 kcal konkret verlieren kann, ist von Ausgangsgewicht, Alter, Größe und dem Geschlecht abhängig. So würden Sie als junge Frau mit geringem Übergewicht wohl weniger als die durchschnittlichen 12,5 kg in einem Jahr abnehmen.

Veränderungen auf Ihrer Waage sind außerdem nicht immer den Änderungen Ihres Fettanteils zuzuschreiben. Auch der Gehalt an Wasser- und Muskelmasse verändert sich durch die Gewichtsreduktion. Was oft so aussieht wie ein großer, schneller Abnehmerfolg, kann einfach Wasserverlust sein. Was zählt, ist eigentlich nicht die Gewichtsanzeige auf der Waage, sondern Ihre Körperzusammensetzung.

Langfristig abnehmen ist also alles andere als ein Kinderspiel! Nun wissen Sie, warum Ihr Gewicht nach anfänglichem Erfolg nicht mehr so schnell nach unten geht. Bleiben Sie dennoch dran und behalten Sie den neuen Lebensstil bei – Ihrer Gesundheit zuliebe!

Was tun gegen den Jo-Jo-Effekt?

Damit Sie Ihr Gewicht nach der Abnahme auch halten können, gilt es, einige Stolpersteine zu überwinden: Ihr Energieverbrauch ist nun geringer, die wieder erhöhte Insulinsensitivität und verstärkte Hungersignale können dazu führen, dass die Kilos wieder nach oben schnellen. Hilfreich ist nun eine ballaststoffreiche Ernährung, die nur geringe Blutzuckerspitzen erzeugt. Außerdem ist Bewegung nun ganz besonders wichtig. Denn durch Sport tragen Sie dazu bei, Ihre Muskulatur und somit auch Ihren Grundumsatz zu erhalten, da Muskelmasse auch in Ruhe mehr Energie benötigt.

5 Schritte für Ihr individuelles

GEWICHTSMANAGEMENT

Sie brauchen keine starren Diätpläne. Stellen Sie stattdessen lieber Ihr eigenes Ernährungs- und Bewegungsprogramm zusammen, das auch zu Ihnen passt! Anhand der folgenden fünf Schritte können Sie Ihren individuellen Handlungsplan für Ihre Lebensstiländerung entwickeln. Halten Sie Ihre Gedanken zu jedem einzelnen Schritt am besten schriftlich fest und notieren Sie ihren Verlauf.

1. DER IST-ZUSTAND:

Wie haben Sie sich in letzter Zeit ernährt und wie viel haben Sie sich bewegt? Spüren Sie Ihre Gewohnheiten, Bedürfnisse und Probleme auf, aber schauen Sie auch, wo Ihre Ressourcen liegen!

2. DER SOLL-ZUSTAND:

Überlegen Sie, wohin es gehen soll. Zum Beispiel, wie Sie ungesunde Kalorienträger durch gesündere ersetzen können, oder welche Gewohnheiten Sie gegen andere tauschen möchten. Ganz wichtig ist dabei, dass Sie den Fokus auf das richten, was Sie verändern möchten!

3. KLEINE SCHRITTE:

Niemand schafft es, seinen Lebensstil in kurzer Zeit komplett umzukrempeln. Überlegen Sie, welche konkreten Verhaltensschritte nun nötig sind. Welche Schritte würden Ihnen besonders leichtfallen? Welche Maßnahmen würden den größten Effekt bringen? Ordnen Sie die einzelnen Schritte in der Reihenfolge, wie Sie sie bewältigen möchten. Natürlich können Sie die Abfolge auch jederzeit wieder ändern. Wichtig ist aber, Schritt für Schritt zu gehen – sonst stolpern Sie!

4. DER WEG IST DAS ZIEL:

Setzen Sie sich nicht nur ein großes Endziel, sondern auch mehrere kleine aufeinanderfolgende Ziele. Denn kleine Erfolge sorgen für den Motivations-Push zwischendurch! Damit Sie erfolgreich sind, müssen Ihre Vorhaben außerdem konkret und erreichbar sein: Ziele wie »Weniger essen« oder »Mehr Bewegung« sind das nicht. Überprüfbar sind Ziele wie »Jeden Sonntagabend während der Lieblingsfernsehserie auf dem Heimtrainer strampeln«.

5. ÜBERPRÜFEN SIE IHREN STATUS:

Waage und Maßband können Ihnen Anhaltspunkte geben, ob Sie auf dem richtigen Weg sind. Auch die Kontrolle von Blutwerten alle paar Monate ist sinnvoll. Feiern Sie, wenn Sie ein Ziel erreicht haben oder es geschafft haben, eine neue Gewohnheit zu etablieren! Überprüfen Sie regelmäßig, ob Ihre Ziele und Handlungsschritte immer noch passen, und justieren Sie diese gegebenenfalls neu!

Body, Food and Soul

Akne, Haarausfall, lästige Körperbehaarung und Übergewicht: Das PCO-Syndrom belastet mit all seinen Symptomen nicht nur unseren Körper, sondern nimmt auch unsere Psyche ganz schön mit. Was können wir tun?

Der Leidensdruck vieler Frauen mit PCOS ist enorm, da sich viele Symptome nur schwer kaschieren lassen und, wie die Betroffenen befürchten, für jedermann ersichtlich scheinen.

Das Syndrom hinterlässt seine Spuren

Viele Frauen mit PCO-Syndrom fühlen sich aufgrund ihrer Symptome anders als alle anderen. So, als seien sie eines Teils ihrer Weiblichkeit beraubt worden. Hinzu kommt, dass wir in einer Welt leben, in der Äußerlichkeiten ohnehin eine (viel zu) wichtige Rolle spielen und viele Frauen sich an einem fiktiven Ideal der Weiblichkeit orientieren, welches nie der Realität entspricht und nur durch Make-up und Photoshop realisierbar ist. Kein Wunder, dass das Syndrom dann auch umso stärkere Spuren in der Seele hinterlassen kann: Man mag sich selbst nicht mehr, hat ein negatives Körperbild, kann das Leben nicht mehr richtig genießen. Auch zunehmende Ängstlichkeit und Depressionen sind oft eine Folge der Erkrankung.

Holen Sie sich Hilfe für Ihre Seele, wenn diese danach verlangt! Ihre behandelnde Ärztin oder Ihr Arzt wird zusammen mit Ihnen klären, ob hinsichtlich Depressionen oder Angststörungen Handlungs- und Therapiebedarf besteht. Aber auch wenn keine handfeste seelische Erkrankung festgestellt werden kann, kann Ihnen der Austausch mit anderen Betroffenen (z. B. in einer Selbsthilfegruppe) oder der Besuch bei einem Spezialisten helfen.

Wie Sie Ihrem Körper Gutes tun

Möglicherweise ist die Unzufriedenheit mit Ihrem Körper sogar die größte Motivation, warum Sie mit einer Ernährungsumstellung gegen das Syndrom ankämpfen wollen. Dabei sollten Sie sich bitte immer klarmachen: Ihr Körper ist nicht Ihr Feind. Stellen Sie keine unrealistisch hohen Erwartungen an sich – damit wird es Ihnen nicht besser gehen. Denn egal, wie sehr Sie sich bemühen, und egal, was Sie alles positiv in Ihrem Leben verändert haben: Mit einer Einstellung, die Sie überfordert, werden Sie sich wohl nie selbst genügen.

Betrachten Sie Ihr Gesundheitsprojekt lieber aus einer anderen Perspektive: Stärken Sie Ihren Körper mit gesunder Ernährung, geben Sie ihm neue Energie durch regelmäßige Bewegung und streicheln Sie Ihre Seele. Und das alles tun Sie nicht, weil Sie Ihren Körper hassen, sondern weil Sie ihn lieben und nur das Beste für ihn wollen!

Achtsam sein Achtsam mit sich und seinen Gefühlen umzugehen ist eine Kunst. Besonders beim Essen lohnt es sich, dies bewusst zu tun und sich dabei ausreichend Zeit zu lassen. Denn das unbewusste Futtern von kalorienreichen Nahrungsmitteln, z. B. in Form von Fast Food oder ungesunden Snacks, und das zu schnelle Essen sind Gewohnheiten, die einem gesunden Körpergewicht entgegenstehen. Deshalb profitieren auch Frauen mit PCOS davon, gesunde Essgewohnheiten zu pflegen. Wie Untersuchungen ergaben, verändern sich durch die Erkrankung auch häufig das hormonell regulierte Hunger- und das Sättigungsgefühl. Vielleicht fällt es Frauen mit PCOS deshalb so schwer, ihr Gewicht zu halten oder gar abzunehmen? Jedenfalls können Sie Gott sei Dank auch selbst gegensteuern und mit Geduld und etwas Übung neue, gesunde Verhaltensmuster verinnerlichen. Das wird Sie nicht nur Ihrem Wohlfühlgewicht näher bringen – Sie lernen auch wieder, das Essen zu genießen!

Achtsam zu essen bedeutet, seinen Gedanken, Gefühlen und seinem körperlichen Befinden beim Essen Aufmerksamkeit zu widmen. Und das erst einmal ohne Bewertung, Kritik oder Schuldgefühle. Das ist gar nicht so einfach! Die meisten von uns werden sich nach einem Möhrensnack innerlich auf die Schulter klopfen, während sich nach einem Stückchen Schokolade automatisch das schlechte Gewissen zurückmeldet. Diese inneren Glaubenssätze gilt es aufzulösen. Nur so können wir wieder ehrlich an das Thema »Essen und Trinken« herangehen.

Bewusstes und nicht zu schnelles Essen hilft außerdem dabei, Heißhungerattacken vorzubeugen und damit das persönliche Idealgewicht zu halten bzw. es wiederzuerlangen. Dazu müssen gerade Frauen mit PCOS wieder lernen, die wahren Signale für Hunger, Durst und Sättigung wahrzunehmen.

Bewusst essen – worauf Sie achten sollten:

- Nehmen Sie Ihre Mahlzeit ohne Ablenkungen zu sich. Alle elektronischen Geräte (Laptop, Handy, Radio) sollten möglichst fern bleiben bzw. ausgeschaltet sein.
- Widmen Sie Ihre Aufmerksamkeit der Mahlzeit vor Ihnen. Nehmen Sie die Farben und Formen des Gerichts auf dem Teller wahr.
- Bedenken Sie, woher die Lebensmittel stammen. Seien Sie dankbar dafür und danken Sie dem, der die Mahlzeit zubereitet hat.
- Atmen Sie tief ein und nehmen Sie das Aroma der Speise wahr.
- Nehmen Sie ein kleines Stück in den Mund: Welchen Geschmack und welche Konsistenz empfinden Sie? Kauen Sie vorsichtig. Spüren Sie, wie sich durch das Kauen Geschmack und Textur der Nahrung verändern.
- Schlucken Sie und verfolgen Sie, wie sich die Nahrung in Ihrem Körper nach unten bewegt.
- Fahren Sie fort, indem Sie nach und nach kleine Stücke zu sich nehmen. Legen Sie das Besteck zwischen den einzelnen Bissen ab. So können Sie jeden Bissen genießen!
- Hören Sie auf die Zeichen Ihres Körpers, die Ihnen signalisieren zu stoppen, wenn Sie satt sind.

Gesund essen bei PCOS: die Basics

Wie soll die Ernährung bei PCOS nun konkret aussehen? Wie viel Kohlenhydrate, Eiweiße und Fette dürfen Sie essen? Und wie können Sie Ihren Insulinspiegel in den Griff kriegen, damit auch die Hormone wieder ins Lot kommen?

Viele PCOS-Betroffene sind zu Beginn ihrer Ernährungsumstellung erst einmal verwirrt. Kein Wunder, denn bei den Empfehlungen zur idealen Ernährung stößt man zum Teil auf völlig konträre Ansätze: Das Spektrum reicht von wenigen Kohlenhydraten (z. B. bei der Paleo- oder ketogenen Ernährung) über hochwertige Kohlenhydrate (d. h. bevorzugt Nahrungsmittel mit niedrigem glykämischem Index) bis hin zu vielen Kohlenhydraten (z. B. im Rahmen einer veganen Ernährung). Was stimmt denn nun?

Was ist die ideale Nährstoffzusammensetzung bei PCOS?

Bei genauerem Hinsehen stellt sich heraus, dass die Wirksamkeit bei einem Teil dieser empfohlenen Ernährungsformen bei PCOS wissenschaftlich nicht erwiesen ist. Die Frage ist natürlich auch, worauf sich die jeweilige Wirksamkeit bei PCOS überhaupt bezieht. Nicht jede Ernährungsform ist hinsichtlich Gewicht, Stoffwechsel, Hormonen, Fruchtbarkeit oder gar Lebensqualität in Studien gleichermaßen erfolgreich gewesen. Aus diesen Gründen muss man sich alle Studien ansehen und die Diäten richtig miteinander vergleichen.

Lisa Moran, eine der führenden Forscherinnen zur Ernährung bei PCOS, hat sich vor einigen Jahren genau mit dieser Fragestellung zur idealen Zusammenstellung von Kohlenhydraten, Eiweißen und Fetten intensiv beschäftigt. Sie hat mit ihrem Team sämtliche Ergebnisse der relevanten Studien, die sich mit der idealen Nährstoffzusammensetzung bei PCOS beschäftigen, zusammengetragen und analysiert und kam zum folgendem Schluss:

Übergewicht. Bei übergewichtigen Frauen mit PCOS hat Gewichtsverlust die oberste Priorität. Wie die Zusammenstellung der Hauptnährstoffe konkret aussehen soll, spielt dabei eine untergeordnete Rolle: Ein Kaloriendefizit soll erfolgen und es soll sich um eine gesunde Art der Ernährung

handeln, mit der die Versorgung von Nährstoffen sichergestellt ist. Einzelne Ernährungsformen haben zwar ihre Stärken für bestimmte PCOS-typische Symptome – doch es gibt derzeit noch keinen klaren Gewinner bei den Ernährungsformen, der alle Symptome am besten in den Griff zu kriegen vermag. Das ist eigentlich eine gute Nachricht. Denn so haben Sie die Freiheit, sich guten Gewissens innerhalb des allgemein empfohlenen Spielraums zu bewegen, der eine abwechslungsreiche und nährstoffreiche gesunde Ernährung erlaubt.

Gewicht halten. Wenn Sie normalgewichtig sind und Ihr Gewicht halten möchten, scheint die Kohlenhydratzufuhr und -qualität eine Rolle für Ihren Hormonhaushalt zu spielen: Eine Ernährung mit gemäßigter Kohlenhydratzufuhr schnitt im Hinblick auf die »typisch männlichen« Hormone besser ab als eine sehr kohlenhydratreiche Kost (>55 % Kohlenhydrate). Entscheidend war dabei aber auch, welche Art von Kohlenhydraten verzehrt wurde.

Kohlenhydrate – die Qualität entscheidet!

Kohlenhydrate sind nicht »böse«, auch wenn es derzeit so populär ist, dies zu behaupten. Zweifelsfrei sind viele kohlenhydratreiche Produkte, wie Weißbrot, Süßigkeiten oder industriell verarbeitete Frühstückszerealien, von geringem Ernährungswert. Aber nur weil Kohlenhydrate aus Lebensmitteln von geringer Qualität in zu großer Menge für Sie ungesund sind, müssen Sie Kohlenhydrate deshalb nicht gänzlich verbannen. Auch nicht wegen Ihres PCO-Syndroms! Entscheidend ist vielmehr – wie so oft – das richtige Maß und die Qualität bei der Auswahl von Lebensmitteln.

Kohlenhydrate sind wichtige Energielieferanten für unseren Körper. Sie bestehen aus unterschiedlich langen Zuckerketten oder auch nur aus einem einzigen Glied Zucker. Je nach Länge der Zuckerketten handelt es sich um »einfache« oder »komplexe« Kohlenhydrate (Seite 36). Diese kommen in unterschiedlichen Mengen in vielen Lebensmitteln, wie etwa Getreide und stärkehaltigen Produkten, aber auch in Gemüse, Obst, Hülsenfrüchten oder Milchprodukten vor.

Was passiert mit Kohlenhydraten im Körper?

Kohlenhydrate können nur als einzelne Zuckermoleküle ins Blut gelangen und so von Zellen aufgenommen werden. Aus diesem Grund müssen Enzyme die Kohlenhydratketten im Verdauungstrakt erst in Einfachzucker zerlegen. Wie schnell das abläuft, hängt dabei weniger von der Länge der Zuckerketten ab. Denn zur Zerlegung stellt der Körper eine ganze Armee an Enzymen bereit, die auch lange Kohlenhydratketten

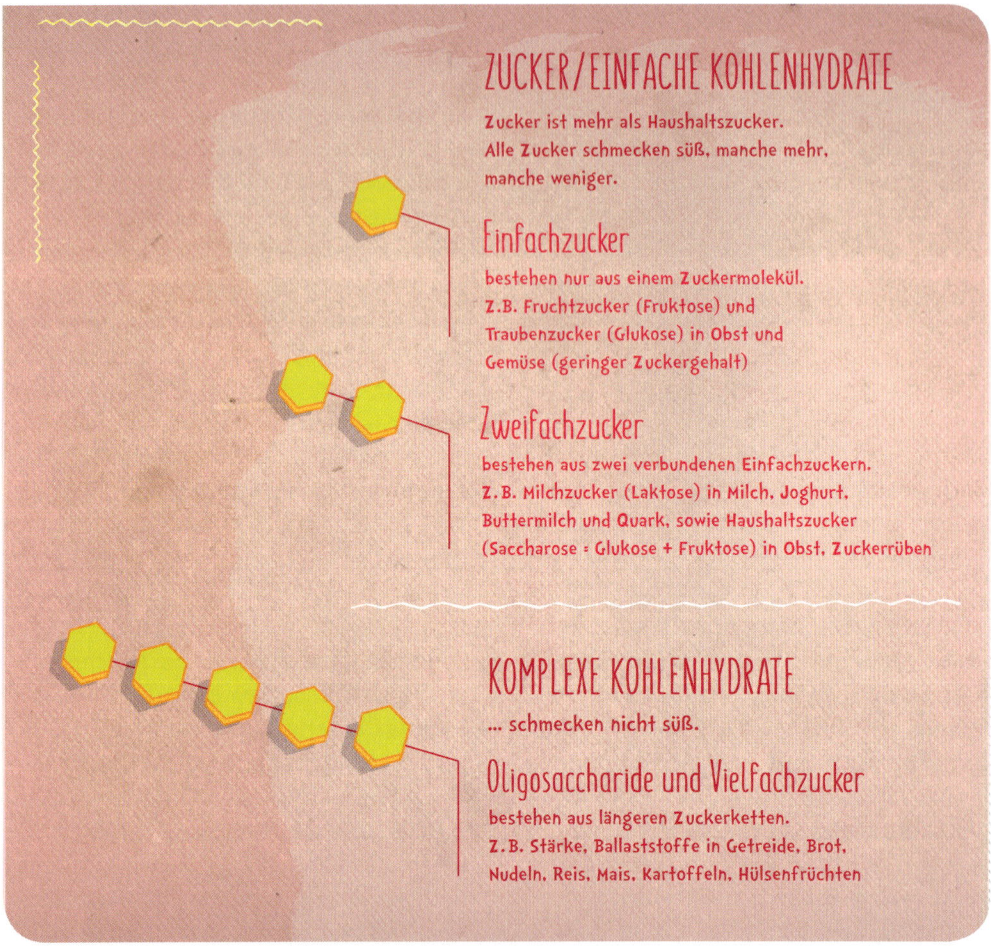

Einfache und komplexe Kohlenhydrate

schnell zerlegen kann. Wie rasch der Abbau vonstattengeht, entscheiden eher andere Faktoren wie etwa die Beschaffenheit des Lebensmittels. An die Kohlenhydratketten aus ganzen gekochten Getreidekörnern gelangen die Enzyme im Verdauungstrakt beispielsweise wesentlich schwerer als an jene aus fein vermahlenem Mehl. So kommt es, dass auch die Weitergabe einzelner Zuckermoleküle ins Blut und folglich auch der Anstieg des Blutzuckerspiegels nach kohlenhydratreichen Lebensmitteln mal schneller, mal langsamer erfolgt.

Da der Nachschub an Zucker nun primär nicht im Blut verbleiben, sondern zu den Zellen gelangen soll, schüttet die Bauchspeicheldrüse vermehrt das Hormon Insulin aus. Die Zellen erhalten so das Signal, den Zucker aus dem Blut aufzunehmen. Damit sinkt der Blutzuckerspiegel ab und die Zellen werden mit der Energie aus Zucker versorgt.

So viel Kohlenhydrate brauchen Sie

Erwachsene benötigen mindestens ca. 130 bis 150 g Kohlenhydrate am Tag. Allein Ihr

Gehirn erfordert diese Mindestzufuhr, da es auf Zucker als Treibstoff dringend angewiesen ist. Wenn es Ihnen an Kohlenhydraten mangelt, kann Ihre Konzentrationsfähigkeit darunter leiden. Und auch Ihre Muskulatur braucht Kohlenhydrate als Energiezufuhr. Je mehr Sie sich bewegen und Sport treiben, desto mehr Kohlenhydrate benötigen Sie. Als Richtwert für Gesunde gilt, mindestens die Hälfte des Energiebedarfs in Form von Kohlenhydraten aufzunehmen.

Frauen mit PCOS weisen allerdings in der Regel Störungen des Kohlenhydratstoffwechsels auf: Kohlenhydrate sind die Haupttreiber für den Insulinausstoß im Körper. Aufgrund der Insulinresistenz liegt ohnehin meist bereits ein erhöhter Insulinspiegel vor. Da ein zu hoher Insulinspiegel das hormonelle Ungleichgewicht bei PCOS befeuern kann, ist es ein wichtiger Ansatzpunkt der Ernährung für Ihr PCO-Syndrom, den Insulinspiegel wieder in den Griff zu kriegen.

»Schlechte« einfache und »gute« komplexe Kohlenhydrate – ein Mythos?

Früher dachte man, dass hauptsächlich die Länge der Kohlenhydratketten darüber entscheidet, wie schnell der Blutzuckerspiegel ansteigt. Doch weit gefehlt! Lebensmittel mit komplexen Kohlenhydraten liefern nicht automatisch lang anhaltende, Lebensmittel mit einfachen Kohlenhydraten nicht automatisch schnelle Energie! So enthält z. B. Weißbrot zwar komplexe Stärke, der Blutzuckeranstieg geht aber trotzdem schnell vonstatten. Deshalb ist die Empfehlung, komplexe Kohlenhydrate zu bevorzugen, zu kurz gegriffen.

Sie können sich deshalb mit Ihrer Kohlenhydratzufuhr gerne etwas unterhalb des allgemein empfohlenen Richtwerts orientieren – dies wären dann z. B. etwa 45 bis 50 Prozent der Tagesenergiemenge. Bei einer Ernährung mit 2000 kcal pro Tag entspricht das ca. 225 g Kohlenhydraten, bei 1500 kcal sind es ca. 165 g. Der Basis-Ernährungsplan (Seite 64) sowie die Rezepte in diesem Buch geben Ihnen hier gute Orientierungshilfen, wie eine solche Kohlenhydratmenge ganz praktisch »aussehen« kann.

Die Kohlenhydratmenge ist das eine. Viel wichtiger ist jedoch die Kohlenhydratqualität (Seite 43). Schnell (blutzucker-) wirksame Kohlenhydrate begünstigen aufgrund der Insulinresistenz bei PCOS die Entwicklung von reaktiven Unterzuckerungen und Heißhungerattacken oder auch die Entstehung eines Mittagstiefs. Daher sollten Sie diese Kohlenhydrate meiden. Kombinieren Sie stattdessen lieber hochwertige kohlenhydratreiche Lebensmittel sinnvoll mit anderen Lebensmitteln in Ihren Mahlzeiten – so betreiben Sie mit richtiger Ernährung Insulin-Management, das sich positiv auf Ihre Hormon-Balance auswirkt.

Ballaststoffe

Ballaststoffe sind komplexe Kohlenhydrate, die auf wunderbare Weise Ihre Verdauung unterstützen und Ihre Blutfettwerte verbessern können. Sie sind also alles andere als unnützer Ballast. Der Name rührt einfach daher, dass diese Nahrungsbestandteile nicht im klassischen Sinne verdaut und vom Körper aufgenommen werden. Da sie von Verdauungsenzymen nicht aufgeschlos-

Kalte Gazpacho mit Biss

Ballaststoffe zum Löffeln? Ja, das geht! Bei dieser Gazpacho bleibt nämlich ein Teil des Gemüses ganz und auch die weißen Bohnen sorgen für ein extra Plus an Ballaststoffen!

Für 2 Portionen
⏲ 15 Min.

250 g Tomaten, gewürfelt • 2 Jungzwiebeln, in feine Ringe geschnitten • 1/3 Gurke, geschält und gewürfelt • ½ große rote Paprika, gewürfelt • 1 EL Essig • 1 EL Olivenöl • Salz, Pfeffer • Tabasco, Kreuzkümmel, Paprikapulver • ½ Dose weiße Bohnen (120 g Abtropfgewicht) • etwas gehackte Minze

- Für die Gazpacho ⅔ des zerkleinerten Gemüses pürieren. Mit Essig, Olivenöl und den Gewürzen abschmecken.

- Das restliche Gemüse mit den weißen Bohnen und der gehackten Minze vermengen, in die kalt gestellte Suppe geben und servieren.

Nährwerte pro Portion: 166 kcal / 9 g E / 6 g Fett, davon 1 g gesättigte Fette / 19 g KH / 8 g Ba

sen werden können, erhöhen sie auch den Blutzuckerspiegel nicht – was natürlich sehr erfreulich ist, wenn Sie an PCOS leiden.

Man unterscheidet grob zwei Arten von Ballaststoffen: die löslichen und die unlöslichen Ballaststoffe.

Lösliche Ballaststoffe verzögern die Magenentleerung, die Aufnahme der Hauptnährstoffe im Darm und somit auch den Blutzuckeranstieg nach der Mahlzeit. Tendenziell haben Lebensmittel mit einem hohen Anteil an löslichen Ballaststoffen, deshalb auch einen niedrigen glykämischen Index (GI). Ob der Blutzucker nun allerdings wirklich langsamer ansteigt, ist besonders vom Verarbeitungsgrad des Lebensmittels abhängig. Studien ergaben, dass eine Ernährung mit vermehrt löslichen Ballaststoffen zu einer Verbesserung der Insulinresistenz führt. Zudem haben lösliche Ballaststoffe einen positiven Einfluss auf die Blutfette, insbesondere auf das »böse« LDL-Cholesterin.

Hier stecken viele lösliche Ballaststoffe drin: Haferkleie, Kidneybohnen, Hafer, Weizenkleie, Mandeln, Roggen, Naturreis, Kiwi, Heidelbeeren, Möhren, Kartoffeln.

Unlösliche Ballaststoffe helfen, Ihre Verdauung in Schwung zu halten. Studien zufolge verzögern unlösliche Ballaststoffe zwar kaum direkt den Blutzuckeranstieg. Allerdings beobachtete man, dass Menschen, die vermehrt unlösliche Getreideballaststoffe aus Vollkornprodukten aufnehmen, ein geringeres Risiko für Diabetes haben. Auch positive Auswirkungen auf die Insulinsensitivität sind bekannt. Vollkornballaststoffe senken möglicherweise auch das Risiko für Adipositas. Auch hier also freie Fahrt für PCOS-Patientinnen!

Power-Korn Hafer

Hafer entfaltet dank seiner unlöslichen sowie löslichen Ballaststoffe positive Wirkungen für Ihr PCO-Syndrom: Der Blutzuckeranstieg wird gebremst, die Insulinsensitivität des Körpers wird verbessert und auch eine Senkung der Cholesterinspiegel im Blut ist möglich. Overnight Oats (Seite 82) wären für Sie also ein optimaler Start in den Tag!

Hier stecken viele unlösliche Ballaststoffe drin: Weizenkleie, Vollkornprodukte aus Roggen, Weizen, Dinkel und Gerste, Mandeln, Mais, Hafer, Knollensellerie, weiße Bohnen, Rosenkohl, Fenchel, Buchweizen, Naturreis (Vollkornreis).

Wie viel Ballaststoffe sind empfehlenswert?
Gesunden Personen werden 30 g, Diabetikern sogar 40 g Ballaststoffe pro Tag empfohlen, da sich Ballaststoffe positiv auf die Insulinresistenz auswirken und die Neubildung von Zucker in der Leber gesenkt wird. Auch bei PCOS sollten Sie möglichst ballaststoffreich essen und sowohl lösliche als auch unlösliche Ballaststoffe in Ihren Speiseplan mit aufnehmen!

Mit den Rezepten für ballaststoffreiche Gerichte aus diesem Buch wird es Ihnen leichtfallen, Ihr Ballaststoffziel zu erreichen. Sind Sie allerdings noch nicht daran gewöhnt, viel Vollkorngetreide, Gemüse, Obst, Nüsse, Samen und Hülsenfrüchte zu essen, empfiehlt es sich, die Mengen immer nur langsam und schrittweise zu erhöhen – sonst könnte anfangs Ihr Darm rebellieren.

Resistente Stärke

Haben Sie gewusst, dass Sie durch Erhitzen und anschließendes Abkühlen von stärkehaltigen Lebensmitteln Kalorien einsparen können? Durch diesen Vorgang wird ein Teil der Stärke resistent gegenüber Verdauungsenzymen.

Resistente Stärke (z. B. aus Kartoffeln, Reis, Nudeln oder auch Brot, die zuvor gekocht/gebacken/erhitzt und anschließend abgekühlt worden sind) wird nicht verdaut, liefert also keine Kalorien mehr und wird wie ein Ballaststoff im Dickdarm abgebaut. Ihr werden positive Effekte auf Blutzucker- und Insulinspiegel sowie auf die Insulinsensitivität nachgesagt. Und selbst wenn Sie das zuvor gekochte und abgekühlte Lebensmittel wieder erwärmen, bleibt die resistente Stärke erhalten. Durch diesen Trick können Sie z. B. auch Kartoffeln (Seite 50) für Ihre Ernährung wieder etwas attraktiver machen.

Low Carb: keine optimale Lösung

Low-Carb-Diäten (von engl. carbohydrates/carbs = Kohlenhydrate) sind Ernährungsformen mit einem geringeren Kohlenhydratanteil, als üblicherweise empfohlen wird. Wie viele Kohlenhydrate eine solche Low-Carb-Diät in der Praxis genau enthalten darf, ist Auslegungssache. Wissenschaftler haben allerdings eine Einteilung der Ernährungsformen mit unterschiedlichem Kohlenhydratgehalt erstellt, um zumindest im akademischen Bereich die Verwirrung zu beenden, ab wann man von einer Low-Carb-Ernährung spricht (siehe Tabelle). Demnach würden Low-Carb-Diäten auf der Grundlage von 2000 kcal weniger als 130 g Kohlenhydrate pro Tag enthalten.

Viele Frauen mit PCOS denken, sie müssten sich aufgrund der Insulinproblematik unbedingt für eine kohlenhydratarme Ernährungsweise entscheiden. Wegen einer Insulinresistenz Kohlenhydrate zu verbannen, gleicht jedoch eher einer kurzsichtigen

Ernährungsformen mit variablem Kohlenhydratanteil

	Ketogene Diäten	Low-Carb-Diäten	Moderate-Carb-Diäten	High-Carb-Diäten
Kohlenhydrate/Tag bei 2000 kcal	20–50 g	‹130 g	›130 g	›225 g
Anteil der Kohlenhydrate in % der Energiezufuhr	‹10 %	‹26 %	26–45 %	›45 %
Bewertung für die Indikation PCO-Syndrom	Finger weg!	Nicht empfehlenswert!	Nur unter sorgfältiger Zusammenstellung der Ernährung mit Orientierung am oberen Kohlenhydratanteil (40–45 %) bei PCOS zu erwägen	Unter sorgfältiger Zusammenstellung der Ernährung empfehlenswert. Als Richtwert ergibt ein Kohlenhydratanteil zwischen 45–50 % Sinn.

Notlösung als der Beseitigung des ursächlichen Problems. Der lösungsorientierte Weg gegen die Insulinresistenz ist jedenfalls, den Körper so zu unterstützen, dass er wieder lernt, mit Kohlenhydraten effizienter umzugehen. Dafür sollten Sie vor allem Ihre Muskulatur kräftigen und unnötigen Fettreserven (vor allem im Bauchbereich) zu Leibe rücken. Erst dadurch kann Insulin wieder besser wirken, und der Insulinspiegel sinkt. Selbst bei PCOS sollten Sie zumindest immer noch moderat Kohlenhydrate – vor allem aber in der richtigen Qualität (siehe Kapitel »Slow Carbs« Seite 43) – zu sich nehmen.

Warum Sie keine strenge Low-Carb-Diät machen sollten

- **(unlösliche) Ballaststoffe** ↓: Je weniger hochwertige kohlenhydratreiche Lebensmittel Sie essen, desto niedriger ist auch Ihre Ballaststoffzufuhr. Verzichten Sie nicht auf die positiven Auswirkungen von Ballaststoffen auf Ihren Stoffwechsel, die Blutzuckerregulation und Ihre Gesundheit. Ein Mangel kann außerdem zu Verstopfung führen.
- **(gesättigte) Fette** ↑: Durch eine niedrigere Kohlenhydratzufuhr steigt der Fettanteil der Nahrung automatisch an. Selbst wenn Sie auf hochwertige Öle und mageres Fleisch setzen, wird die Zufuhr an gesättigten Fetten bei dieser Ernährung dennoch ansteigen. Gesättigte Fette stehen mit der Entwicklung der Insulinresistenz in Verbindung. Das wäre dann also kein wirklicher Gewinn für Sie!
- **Körperwasser** ↓: Low-Carb-Diäten werben damit, dass man mit ihnen mehr Gewicht verlieren würde. Tatsächlich leeren sich durch die geringe Kohlenhydratzufuhr die Zuckerspeicher im Körper, die Wasser binden. Sie verlieren also an Körperwasser, wiegen dadurch auch automatisch weniger, haben aber an Ihrer Körperzusammensetzung noch nichts Nachhaltiges verändert.
- **Eiweiß** ↑: Eine stark erhöhte Eiweißzufuhr zulasten von Kohlenhydraten kann sich negativ auf den Nieren- und Knochenstoffwechsel auswirken. Es kommt im Körper zu einer erhöhten Belastung durch Harnsäure, außerdem werden Nierensteine und Kalziumverlust begünstigt. Was viele nicht wissen, ist, dass Eiweiße auch die Insulinausschüttung stimulieren. Viele eiweißreiche Produkte sind tierischen Ursprungs und im Übermaß nicht empfehlenswert – pflanzliche Eiweißquellen wie Hülsenfrüchte sind hingegen meist auch Kohlenhydratträger und können deshalb in der Low-Carb-Ernährung zu kurz kommen.
- **Vitamine und Mineralien** ↓: viele hochwertige, pflanzliche Lebensmittel, die auch Kohlenhydrate enthalten, sind sehr gute Lieferanten für lebenswichtige Vitamine, Mineralien, aber auch sekundäre Pflanzenstoffe! Bei Low-Carb-Diäten kann es deshalb zu Mängeln kommen.

Besonders bei Very-Low-Carb-Diäten bzw. der ketogenen Diät kann es zu schwerwiegenden Nebenwirkungen wie Erbrechen, Erhöhung der Blutfette, Übersäuerung und Nährstoffmangel kommen. Hier ist der Kohlenhydratanteil so gering, dass nicht einmal Ihr Gehirn ausreichend mit Glukose versorgt wird, vom Bedarf Ihrer Muskeln ganz zu schweigen. Deshalb: nicht empfehlenswert!

Kohlenhydrate bei PCOS: Qualität vor Quantität

Ein Hauptproblem des strengen Low-Carb-Konzepts ist, dass hier lediglich die Kohlenhydratmenge im Vordergrund steht.

Zweifelsohne lassen Kohlenhydrate von allen Nährstoffen den Blutzucker- und Insulinspiegel am stärksten ansteigen, weshalb viele meinen, bei PCOS und Insulinresistenz sei es am besten, möglichst wenig Kohlenhydrate zuzuführen. Aber es ist es ein Irrtum zu glauben, dass allein die Kohlenhydratmenge in Lebensmitteln oder Mahlzeiten Aufschluss darüber gibt, wie stark Blutzucker- oder Insulinspiegel ansteigen. Entscheidend ist vordergründig nicht unbedingt der Kohlenhydratgehalt an sich, sondern vielmehr die Beschaffenheit bzw. die Qualität kohlenhydratreicher Lebensmittel sowie die konkrete Zusammenstellung der Mahlzeit! Aus Studien weiß man außerdem, dass es keinen Zusammenhang zwischen dem Gesamtkohlenhydratanteil der Ernährung und dem Risiko für die Entwicklung von Diabetes Typ 2 gibt. Die Kohlenhydratmenge allein ist also nicht so entscheidend, wie viele denken.

Wer außerdem nur an die Kohlenhydrate denkt, vergisst, dass auch andere Faktoren, wie der Eiweißgehalt oder die Fettqualität der Ernährung, entscheidend im Kampf gegen die Insulinresistenz sind. Ganz verkehrt wäre z. B. eine Low-Carb-Diät, in der ballaststoffreiche, vitamin- und mineralstoffreiche Vollkornprodukte und Hülsenfrüchte gegen tierische fettreiche Produkte wie Fleisch, Käse, Sahne, Butter und Co. ausgetauscht werden und die verbleibenden Kohlenhydrate von geringer Qualität sind. Ihre Insulinresistenz werden Sie so nicht in den Griff bekommen! Die Devise muss also lauten: »Slow Carb statt Low Carb!«

Wenn Sie aufgrund Ihres PCO-Syndroms abnehmen möchten, dann erzielen Sie dieselben Effekte auf Ihre Hormone oder Ihre Fruchtbarkeit, ob Sie dies nun dank einer eiweißreichen, moderaten Carb-Ernährung oder dank einer herkömmlichen Ernährungsumstellung schaffen. Vorrangig zählt hier der Gewichtsverlust selbst.

Wenn Sie Ihr Gewicht jedoch halten möchten, achten Sie am besten auf einen mäßigen Kohlenhydrat- und Eiweißanteil – und vor allem auf die Qualität der Kohlenhydrate (z. B. mithilfe des glykämischen Index): So können einer Studie zufolge Nüchterninsulin, Insulinresistenz, Testosteron und Cho-

Studien zeigen: Das GI-Konzept ist ideal für Frauen mit PCOS

Um zu überprüfen, welche Wirkung ein geringer GI in der Ernährung auf Frauen mit PCOS hat, achteten Betroffene im Rahmen einer Untersuchung zusätzlich zu einer ohnehin schon gesunden Ernährung zur Gewichtsabnahme auch noch auf den glykämischen Index. Die Zyklusregelmäßigkeit verbesserte sich bei 63 Prozent der Frauen mit PCOS, die sich »nur« gesund ernährten – aber bei 95 Prozent derer, die zusätzlich auch noch auf den GI achteten! Besonders profitierten die Frauen, die zuvor auf Kohlenhydrate mit einer vergleichsweise starken Insulinausschüttung reagiert hatten. Dank des GI-Ansatzes konnten diese Frauen mehr Körperfett abbauen. Auch in einer anderen Untersuchung stellte man fest, dass Frauen mit PCOS, deren Ernährung einen hohen GI hatte, eine schlechtere Körperzusammensetzung hatten.

lesterin bei Frauen mit PCOS stärker abfallen als bei einer »Standardernährung«.

Slow Carbs – das Konzept des glykämischen Index (GI)

Sie haben PCOS und möchten Ihrer Gesundheit Gutes tun, ohne bei der Ernährung gleich auf Kohlenhydrate verzichten zu müssen? Dann achten Sie bei der Auswahl kohlenhydratreicher Lebensmittel auf die beste Kohlenhydratqualität!

Aber was genau macht eigentlich die Qualität von Kohlenhydraten aus? Seit Jahrzehnten versuchen Wissenschaftler genau diese Frage zu beantworten, indem sie untersuchen, wie stark sich kohlenhydratreiche Lebensmittel auf den Blutzuckerspiegel auswirken. So wurde das Konzept des glykämischen Index (GI) entwickelt. Demnach sind jene Kohlenhydrate aus Lebensmitteln qualitativ hochwertig, die einen flachen Blutzuckeranstieg bewirken (die sogenannten »Slow Carbs«) und einen niedrigen GI haben. Hingegen haben Lebensmittel, die den Blutzucker stark in die Höhe treiben, einen hohen GI.

So profitieren Sie vom GI-Konzept

Kohlenhydratreiche Lebensmittel mit niedrigem GI versorgen Ihren Körper kontinuierlich mit der Energie aus Kohlenhydraten und halten Sie länger satt. Sie treiben Blutzucker und Insulin nicht unnötig in die Höhe und sind somit die beste Wahl, wenn Sie insulinresistent sind. Denn bei der Insulinresistenz

So wird der glykämische Index (GI) ermittelt

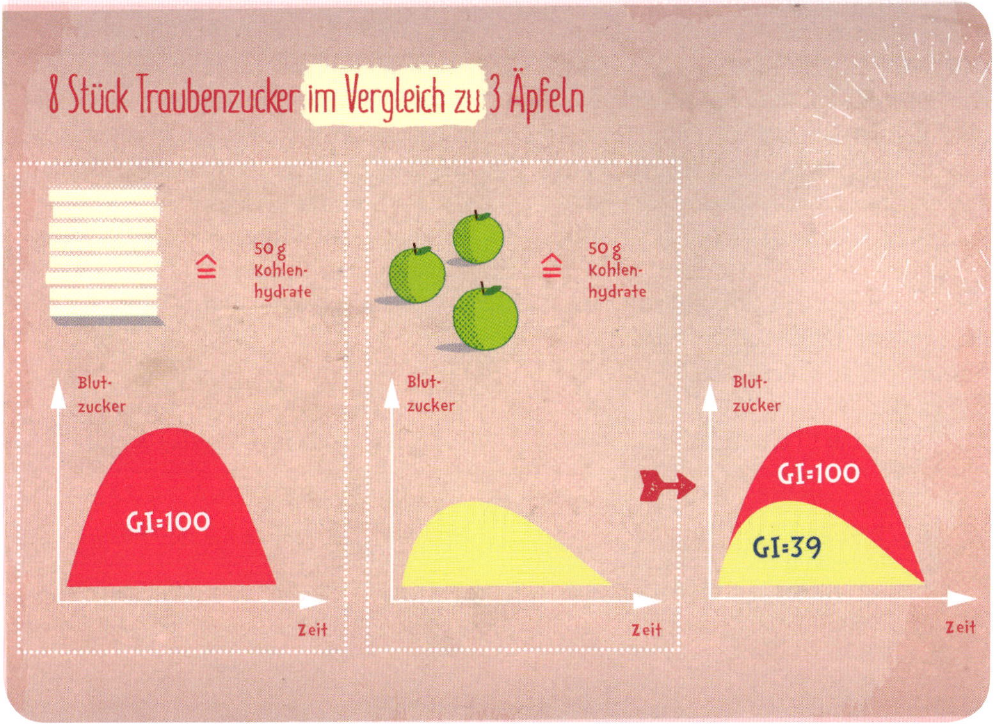

erfordert es ohnehin schon größere Mengen Insulin, um den Zucker aus dem Blut in die Zelle zu manövrieren. Das GI-Konzept hat deshalb, wie Studien erwiesen, bei Diabetes und Schwangerschaftsdiabetes, aber auch bei Akne, Herz-Kreislauf-Beschwerden, erhöhten Blutfetten und Übergewicht positive Auswirkungen gezeigt. Und auch zur Vorbeugung reaktiver Unterzuckerungen kann das GI-Konzept beitragen!

Klingt also ganz so, als wäre dieses Konzept auch ideal für Frauen mit PCOS geeignet, oder? Doch was bedeutet der glykämische Index eigentlich?

Der glykämische Index: ein Maß der Qualität

Der GI bewertet Kohlenhydrate aus Lebensmitteln nach ihrer Wirksamkeit auf den Blutzucker auf einer Skala von 0 bis 100.

Und so wird der GI ermittelt: Der glykämische Index vergleicht identische Mengen Kohlenhydrate miteinander. Als Referenz für die maximale Blutzuckerwirksamkeit wird der Blutzuckerverlauf nach 50 g Traubenzucker herangezogen. Deswegen erhält Traubenzucker einen GI-Wert von 100.

Um nun z. B. den GI von Äpfeln zu bestimmen, müssen Testpersonen die Menge an Äpfeln essen, in der ebenso 50 g Kohlenhydrate enthalten sind. In diesem Fall wären das 370 g Äpfel. Der GI errechnet sich nun aus dem Verhältnis des Blutzuckerverlaufs nach 50 g Äpfel-Kohlenhydraten zu jenem nach 50 g Traubenzucker-Kohlenhydraten. Die Kohlenhydrate aus Äpfeln haben allerdings nur 39 Prozent des Blutzuckeranstiegs derselben Menge Kohlenhydrate aus Traubenzucker bewirkt: Äpfel haben demnach einen GI von 39 (siehe Abb. Seite 43).

Der GI gibt somit Aufschluss über das blutzuckersteigernde Potenzial von Kohlenhydraten in Lebensmitteln. Das GI-Konzept sieht vor, dass Lebensmittel mit niedrigem (≤ 55) und mittlerem GI (56–69) im Gegensatz zu Lebensmitteln mit hohem GI (≥ 70) bevorzugt werden sollen. Der GI kann allerdings nur für Lebensmittel berechnet werden, die auch Kohlenhydrate enthalten. Demnach gibt es zum Beispiel für Fleisch, Fisch, Eier, Öl, Sahne und Käse keine GI-Angaben.

Die glykämische Last (GL): ein Maß aus Qualität und Quantität

In der Praxis hängt es aber nicht nur vom glykämischen Index eines Lebensmittels ab, wie stark der Blutzucker ansteigt. Es zählt natürlich auch, wie viel Sie vom entsprechenden Lebensmittel essen und wie viele Kohlenhydrate in diesem Lebensmittel überhaupt enthalten sind.

Die glykämische Last (GL) ist eine Maßzahl, die genau diese Faktoren – also auch die »Kohlenhydratdichte« – mitberücksichtigt,

Einteilung von Lebensmitteln nach Höhe des glykämischen Index (GI)

	Niedriger GI	Mittlere GI	Hoher GI
Einzelnes Lebensmittel	≤ 55	56–69	≥ 70

Einteilung von Lebensmitteln nach Höhe der glykämischen Last (GL)

	Niedrige GL	Mittlere GL	Hohe GL
GL eines Lebensmittels	≤10	11–19	≥20

So wird die glykämische Last (GL) berechnet:

$$GL = \frac{\text{GI des Lebensmittels x g Kohlenhydrate pro Portion des Lebensmittels}}{100}$$

Beispiel: Ein Apfel hat einen GI von 39 und enthält etwa 13 g Kohlenhydrate pro 100 g. 1 Portion Apfel (125 g) enthält entsprechend ca. 16 g Kohlenhydrate.

Die GL eines Apfels berechnet man also wie folgt:

$$GL = \frac{\text{GI 39 x 16 g Kohlenhydrate}}{100} \approx 6$$

Ein Apfel hat somit eine glykämische Last (GL) von 6.

und errechnet sich aus dem Produkt des GI eines kohlenhydratreichen Lebensmittels (»Qualität«) und dem Kohlenhydratgehalt der tatsächlichen Portionsgröße (»Quantität«).

Die glykämische Last (GL) eignet sich besser als alleinige GI-Angaben, um einzuschätzen, wie stark Lebensmittel in tatsächlich verzehrten Mengen zum Anstieg des Blutzuckers beitragen. Einen Auszug an Lebensmitteln und Angaben des GI sowie der GL pro Portion finden Sie in der GI/GL-Tabelle (Seite 46).

Beispiel Wassermelone: Die Wassermelone hat einen hohen GI von 80. Da der Kohlenhydratgehalt pro Portion allerdings niedrig ist, ist auch der tatsächliche Blutzuckeranstieg gering (GL pro 120 g = 5). Die Wassermelone hat also trotz eines hohen GI eine niedrige GL pro Portion.

Je höher die GL eines Lebensmittels oder einer Mahlzeit ausfällt, desto höher ist auch der Blutzuckeranstieg. Eine GL über 20 gilt bereits als hoch (siehe Tabelle).

Um die glykämische Last Ihrer Ernährung niedrig zu halten, gibt es mehrere Wege. Am besten geben Sie innerhalb einer Lebensmittelgruppe (z. B. Brot und Backwaren) Produkten mit **niedrigem GI** den Vorzug. Setzen Sie dann noch auf **vernünftige Portionsgrößen** und gestalten Sie Ihre Mahlzeit **ausgewogen**, liegen Sie genau richtig und haben das GI-Konzept umgesetzt! Nur für eine niedrige GL auf ganze kohlenhydratreiche Lebensmittelgruppen zu verzichten entspricht nicht dem Grundgedanken des GI-Konzepts.

Slow Carb und Low Carb sind nicht das Gleiche!

Leider wird das GI/GL-Konzept oft mit einer Low-Carb-Diät gleichgesetzt. Dabei sind beide Ansätze grundverschieden! Das GI-Konzept der »langsamen« Kohlenhydrate beschäftigt sich mit der Qualität, Low Carb hingegen mit der Menge der Kohlenhydrate! Im Rahmen einer Low-Carb-Diät können die wenigen zugeführten kohlenhydratreichen Lebensmittel von unterschiedlicher, also durchaus auch schlechter Qualität sein. Das GI-Konzept ist flexibel für jeden individuellen Kohlenhydratbedarf umsetzbar.

Die GI/GL-Tabelle gibt Ihnen eine Übersicht über die GI- und die GL-Werte der einzelnen Lebensmittel:

GI/GL-Tabelle

	GI	Portion (g)	Kohlenhydrate (g/Portion)	GL/ Portion
Frühstücksflocken				
Choco-Pops	77	30	26	20
Cornflakes	81	30	25	20
Haferflocken, ungekocht	59	30	19	11
Müsliflocken	57	30	19	11
Müsli mit Trockenfrüchten	67	30	21	14
Porridge aus Hafergrütze mit Wasser gekocht	52	250	33	17
Porridge aus Hafermehl mit Wasser gekocht (hoher GI wegen der starken Verarbeitung)	106	250	32	24
Porridge aus Haferflocken	55	250	23	13
Porridge aus Hirse	67	150	36	22
Brot und Backwaren				
Gerstenbrot mit 80 % ganzen Körnern (niedriger GI aufgrund der enthaltenen ganzen Körner statt Mehl)	40	30	20	8
Gerstenbrot mit 80 % Gerstenvollkornmehl	67	30	20	13
glutenfreies Vielkornbrot	79	30	13	10
Roggenpumpernickel	41	30	12	5
Roggensauerteigbrot	48	30	12	6
Weißbrot	75	30	13	10
Weißbrot, gegessen mit 18 g Essig (Säure senkt den GI)	63	30	15	9
Weizensauerteigbrot	54	30	14	8
Weizenvollkornbrot, fein vermahlen	74	30	12	9
Reis				
Arborio Risottoreis, gekocht	69	150	53	36
Basmati-Reis, gekocht	57	150	38	22
Jasmin-Reis, gekocht	109	150	42	46
Langkorn-Reis, gekocht	60	150	41	25
Naturreis, gekocht	66	150	33	22
Reis, weiß	73	150	38	27

	GI	Portion (g)	Kohlenhydrate (g/Portion)	GL/ Portion
Teigwaren				
Eierteigwaren, gekocht (>7 min)	54	180	48	30
Reisnudeln, getrocknet, gekocht	61	180	39	23
Spaghetti, Vollkorn, gekocht	42	180	40	17
Spaghetti, weiß, 10–15 Min gekocht	49	180	48	24
Spaghetti, weiß, 20 Min. gekocht (die Kochzeit erhöht den GI)	58	180	44	26
Spiralen, Hartweizen, al dente gekocht	43	180	44	19
Udon-Nudeln, frisch, erwärmt	62	180	48	30
Getreide und Getreideprodukte				
Couscous, mit heißem Wasser gequollen	65	150	14	9
Buchweizen, gekocht	51	150	30	15
Bulgur, 20 Min. gekocht	53	150	26	14
Gerste, 25 Min. gekocht	25	150	42	10
Vollkornmehl	74	30	12	9
Weißmehl	75	30	15	11
Obst				
Ananas	66	120	10	6
Apfel	43	120	13	5
Aprikosen	34	120	9	3
Banane	47	120	24	11
Datteln, frisch	42	60	42	18
Kiwi	58	120	12	7
Mango	51	120	15	8
Nektarine	43	120	9	4
Orange	40	120	11	4
Wassermelone	80	120	6	5
Kartoffeln				
Kartoffelbrei (Instant)	87	150	20	17
Kartoffeln, gekocht	85	150	30	26
Pommes Frites (aufgrund des höheren Fettgehalts niedriger GI; dennoch ist der Verzehr nicht gesund!)	64	150	32	21

	GI	Portion (g)	Kohlenhydrate (g/Portion)	GL/ Portion
Gemüse				
Kürbis, gekocht	51	80	6	3
Möhren, gekocht, püriert	60	80	6	4
Möhren, geschnitten, gekocht	49	80	5	2
Möhren, roh, geschnitten	35	80	6	2
Pastinake, gekocht	52	80	8	4
Rote Bete, gekocht	64	80	7	4
Süßkartoffel, geschnitten, 8 Min. gekocht	61	150	18	11
Zuckermais, gekocht	52	80	17	9
Hülsenfrüchte				
grüne Linsen, gekocht	37	150	14	5
Kichererbsen, gekocht	36	150	30	11
Kidneybohnen, gekocht	42	150	25	10
Linsen, gekocht	37	150	14	5
Milch(-produkte)				
Früchtejoghurt, Himbeere	43	200	16	7
Milch, fettarm	30	250	13	4
Naturjoghurt	19	200	14	3
Vollmilch	31	250	12	5
Getränke				
Apfelsaft	44	250	30	13
Cola	63	250	26	16
Orangensaft	50	250	24	12
Reismilch	92	250	32	29
Sojamilch	36	250	18	6
Sonstiges				
Cashew-Nüsse	25	50	11	3
Eiscreme	57	50	10	6
Erdbeermarmelade	51	30	20	10
Kartoffelchips	56	50	21	12
Milchschokolade	43	50	28	12

	GI	Portion (g)	Kohlenhydrate (g/Portion)	GL/ Portion
Nussnougatcreme (trotz des niedrigen GI nicht empfehlenswert wegen ungesunder Fette!)	29	20	12	3
Popcorn	65	20	11	7
Reiswaffeln	82	25	21	17
Schokolade, dunkel	23	50	26	6
Schokoriegel	68	60	40	27
Süßungsmittel				
Agavendicksaft	19	10	8	2
Ahornsirup	54	10	7	4
Fruchtzucker	23	10	10	2
Honig	61	10	8	4,8
Malzzucker	105	10	10	11
Milchzucker	46	10	10	5
Traubenzucker	100	10	10	10
Zucker (Haushaltszucker)	65	10	10	7

Das beeinflusst den GI

Ob Kohlenhydrate auf Ihrem Teller Ihren Blutzuckerspiegel stärker oder nur schwach erhöhen, ist von einigen Einflussfaktoren abhängig. Nutzen Sie diese zu Ihren Gunsten!

Verarbeitung: so wenig wie möglich
Werden kohlenhydratreiche Lebensmittel raffiniert, verarbeitet, zerkleinert, vermahlen, püriert oder gekocht, fällt der GI höher aus: entweder, weil Ballaststoffe entfernt worden sind, oder weil durch Verarbeitungsschritte und Zerkleinern die Verdauungsenzyme nun einfacher an die Kohlenhydratketten gelangen und diese schneller zerlegen. Deswegen steigt auch der Blutzucker stärker an.

Tipps: Kochen Sie Ihre Nudeln am besten »al dente«. Also so, dass sie noch »Biss« haben und gekaut werden müssen. Obst sollten Sie bevorzugt als Ganzes essen statt als Mus oder in Form von herkömmlichen Smoothies.

Nicht alle Kohlenhydrate sind »gleich«
Die Kettenlänge der Kohlenhydrate allein entscheidet nur unwesentlich über den Blutzuckerverlauf. Komplexe Kohlenhydrate sind deshalb nicht automatisch gut und einfache nicht immer schlecht. Fruchtzucker hat z. B. einen sehr niedrigen GI von 23, obwohl es sich um ein einfaches Kohlenhydrat handelt. Je höher der Fruchtzuckergehalt eines Lebensmittels ist, desto niedriger auch der GI. Trotzdem sollten Sie diesen »Vorteil« aber nicht ausreizen (Seite 54).

Ballaststoffe – her damit!
Ballaststoffe bilden eine Art Barriere vor den Verdauungsenzymen und behindern den Zu-

tritt zur Stärke. Der Abbau in Einfachzucker und der Anstieg des Blutzuckers erfolgen daher langsamer. In der Praxis kommt der positive Effekt aber oft nur dann zum Tragen, wenn das ballaststoffreiche Lebensmittel möglichst unverarbeitet ist. Wird Getreide fein gemahlen, gelangen die Enzyme sehr einfach zu den Stärkepartikeln. So kommt es, dass Weißmehl und Vollkornmehl einen ähnlichen GI aufweisen, obwohl der Ballaststoffgehalt von Letzterem höher liegt.

Tipps: Ziehen Sie das Getreidekorn möglichst als Ganzes vor, z. B. in grobkörnigem Brot! Klar, nicht immer ist das möglich. Doch selbst in dem einen oder anderen Rezept, in dem Vollkornmehl benötigt wird, können Sie stattdessen einen kleinen Teil Kleie, Getreideflocken oder auch Schrot einarbeiten. Ihre Ballaststoffzufuhr können Sie außerdem durch viel Gemüse auf Ihrem Teller erhöhen!

Fett und Säure

Je höher der Fett- und der Säuregehalt eines Lebensmittels, desto langsamer erfolgt die Magenentleerung und somit auch der Blutzuckeranstieg.

Tipps: Gesunde Öle oder Nüsse, Samen oder Kerne gehören zu jeder Mahlzeit! Werden Sie kreativ und finden Sie Möglichkeiten, wie Sie Zitronensaft oder Essig in Ihre Speisen oder Getränke integrieren können: Von etwas Rotweinessig zum Ablöschen, Zitronensaft zum Marinieren, essigsaurem Gemüse, Sauerkraut bis hin zum Spritzer Zitronensaft im Wasser ist alles möglich was schmeckt! Auch Brote auf Sauerteigbasis wirken sich vorteilhaft auf den GI aus!

Lieben Sie Kartoffeln? Trotz ihres hohen GI müssen Sie sie nicht aus Ihrem Speiseplan verdammen. Stellen Sie z. B. aus gekochten und abgekühlten Kartoffeln einen Kartoffelsalat mit Essig-Öl-Marinade her, sinkt der GI. Das Abkühlen erhöht den Anteil resistenter Stärke, Zugabe von Säure und Fett verzögern ebenso den Blutzuckeranstieg.

Worauf Sie beim GI/GL-Konzept zusätzlich achten sollten

Das GI/GL-Konzept hat viele Vorteile, aber dennoch sollten Sie es mit Bedacht anwenden. Denn die GI/GL-Angaben in der Tabelle geben eine Genauigkeit vor, die eigentlich so gar nicht existiert. Der GI von Lebensmitteln kann nämlich bei jedem von uns leicht variieren. Die Angaben entsprechen daher eher Durchschnittswerten. Wie hoch die GI/GL-Werte von Produkten ausfallen, ist außerdem abhängig von Sorte, Reifegrad und Zubereitungsart – diese Informationen fehlen allerdings oft.

Bitte berücksichtigen Sie auch, dass die glykämische Wirkung anders ausfallen kann, wenn Lebensmittel in Mahlzeiten miteinander kombiniert werden. Genau so ist Ernährung aber gedacht: Niemand nimmt über den Tag hinweg Lebensmittel immer separat zu sich. Der exakte GI von Mahlzeiten könnte deshalb eigentlich nur in einem Testlabor korrekt ermittelt werden. Die Tabelle gibt insofern beim Kochen lediglich Orientierungswerte, an die Sie sich grob halten können.

Das GI/GL-Konzept ist außerdem kein allumfassendes Bewertungssystem. Ungesunde, fettreiche Lebensmittel vermitteln aufgrund ihres niedrigen GI den falschen Eindruck, dass sie besser wären. So haben z. B. Kartoffelchips einen niedrigeren GI als pure, gekochte Kartoffeln. Lebensmittel, die zwar

Die Indexe bei Nahrungsmitteln sind nur eine Orientierungshilfe

Jeder Index, ob GI oder GL, und jeder Versuch, Lebensmittel in »gut« und »schlecht« zu sortieren, ist dann zum Scheitern verurteilt, wenn man sich damit eine allumfassende Bewertung anmaßen will. Das funktioniert nämlich nicht! GI und GL sagen nur etwas über die Blutzuckerwirksamkeit von Lebensmitteln aus – nicht mehr und nicht weniger!

Erteilen Sie Lebensmitteln bitte nicht nur aufgrund »guter« Werte einen Freibrief. Bei Ihrer Ernährung entscheiden viele weitere Faktoren wie Fettqualität, Mineralstoff- oder Vitamingehalt und natürlich auch die Menge, die Sie von Lebensmitteln essen, mit! Verstehen Sie die Tabelle zu GI und GL in diesem Buch also bitte nur als grobe Richtschnur!

einen niedrigen GI haben, aber viele gesättigte oder auch Transfette enthalten (z. B. Frittiertes, industriell gefertigte Produkte, Kuchen und Kekse) sollten Sie trotzdem, so gut es geht, einschränken.

Wie Sie die GI/GL-Tabelle am besten nutzen
Betrachten Sie die GI/GL-Tabelle vor allem als Möglichkeit zum Vergleich von Lebensmitteln innerhalb einer bestimmten Lebensmittelkategorie. So können Sie günstigeren Produkten z. B. innerhalb der Getreide- oder Obstkategorie den Vorzug geben. Behalten Sie dabei aber bitte immer die Einflussfaktoren auf den GI (z. B. Verarbeitungsgrad, Fettgehalt usw.) im Kopf und nutzen Sie diese bei der Zusammenstellung Ihrer Mahlzeiten auf gesunde Art und Weise zu Ihren Gunsten!

Bedenken Sie auch, dass der glykämische Index vor allem nützlich zur Vorhersage des Blutzuckerverlaufs bei Kohlenhydraten in Lebensmitteln ist. Der Blutzucker ist bei PCOS aber eigentlich nicht der entscheidende Faktor, sondern Insulin. Zwar treten ein hoher GI und eine hohe Insulinausschüttung bei kohlenhydratreichen Lebensmitteln oft parallel auf, allerdings gibt der GI wenig Aufschluss über die Insulinausschüttung, wenn wenig Kohlenhydrate, dafür andere Nährstoffe, wie etwa Eiweiß, im Lebensmittel zu finden sind.

Zucker – so wenig wie möglich!

Zuckerreiche Lebensmittel bzw. Produkte, denen Zucker als Zutat zugesetzt wurde, tragen unnötig zu vermehrter Insulinausschüttung, zu einer erhöhten Energiebilanz und somit auch zu Übergewicht bei! Zu viel Zucker senkt außerdem den SHBG-Spiegel im Blut, der für den Hormonhaushalt wichtig ist. Alles Auswirkungen, die für Ihr PCOS sehr kontraproduktiv sind. Sagen Sie sich deshalb so weit wie möglich von zugesetzten Zuckern und stark zuckerhaltigen Produkten los! Das bedeutet jedoch nicht, dass Sie nun komplett zuckerfrei essen müssen, denn dies ist gar nicht sinnvoll möglich! Zucker steckt nämlich in mehr Lebensmitteln drin, als Sie auf den ersten Blick vielleicht vermuten.

Was ist eigentlich Zucker?

Zuerst einmal sollten wir mit einem ziemlich weit verbreiteten Missverständnis aufräumen. Mit dem Begriff »Zucker« ist mehr gemeint als der süße weiße Kristall- oder Puderzucker (auch Saccharose genannt). Zucker umfasst sämtliche Ein- und Mehrfachzucker, nicht nur Haushaltszucker. Fruchtzucker (Fruktose), Milchzucker (Laktose), Malzzucker (Maltose) oder Traubenzucker (Glukose) sind nur einige weitere Beispiele für Zucker.

All diese Zucker kommen meist in geringer Menge in Kombination mit Ballaststoffen, Vitaminen und Mineralien in naturbelassenen Lebensmitteln vor – so, wie es die Natur gedacht hat. Werden die Zuckerkristalle nun aber durch industrielle Prozesse z. B. aus der Zuckerrübe, dem Zuckerrohr oder Mais herausgelöst und fügt man sie in hohen Mengen Getränken und Desserts zu, sieht die Sache schon wieder anders aus. In erster Linie geht es also gar nicht darum, dass Sie komplett zuckerfrei essen sollen. Selbst in Vollkorngetreideprodukten oder Nüssen finden Sie kleinste Mengen Zucker.

Wo Zucker vorkommt

Lebensmittel ohne Zuckerzusatz. Es gibt Lebensmittel, denen zwar kein künstlicher Zucker zugesetzt wurde, die aber von Natur aus etwas mehr Zucker enthalten: etwa Obst und manche Milchprodukte. Einige natürliche Lebensmittel können Zucker auch in konzentrierter Form enthalten, zum Teil aufgrund von Verarbeitungsschritten wie Eindicken. Beispiele dafür sind Honig, Ahornsirup, Agavendicksaft, Fruchtsäfte, aber auch Trockenfrüchte. Der Zuckergehalt ist zwar natürlichen Ursprungs, aber doch sehr hoch.

So erkennen Sie natürlichen Zucker: Wenn einem Lebensmittel laut Zutatenliste kein Zucker zugesetzt wurde und keine zuckerhaltige Zutat in ihm enthalten ist, können Sie den natürlichen Zuckergehalt aus der Nährwerttabelle unter »Kohlenhydrate, davon Zucker« ablesen.

Lebensmittel mit Zuckerzusatz. In vielen Lebensmitteln wie Süßigkeiten, Mehlspeisen, Limonaden, Müslis, aber auch Soßen, Dips, Aufstrichen, Dressings, Senf, Essig, Fertigprodukten, Konserven, Brot und Gebäck kann sich zugesetzter Zucker verstecken. Ob

So spüren Sie zugesetzten Zucker auf

Halten Sie in der Zutatenliste Ausschau nach:

- Begriffen, die als Bestandteil »Zucker« enthalten (z. B. Milchzucker, Fruchtzucker, Traubenzucker)
- Begriffen mit der Endung »-ose« (z. B. Laktose, Fruktose, Dextrose, Saccharose, Maltose)
- Begriffen mit der Endung »-sirup« (z. B. Invertzuckersirup, Maissirup)
- Begriffen, die »Saft« enthalten (z. B. Zuckerrohrsaft, Dicksäfte wie Apfeldicksaft), oder Konzentrate wie Fruchtsaftkonzentrate oder Traubenmost
- Maltodextrin (ein Kohlenhydrat, das als geschmacksneutraler Füllstoff eingesetzt wird)
- Honig, Ahornsirup, Agavendicksaft usw.

Zucker in Getränken – bitte nicht!

Keinesfalls sollten Sie die gesundheitlich vertretbare Menge an Zucker über zuckerhaltige Getränke zu sich nehmen, denn der enthaltene Zucker gelangt dank der flüssigen Darreichungsform besonders schnell ins Blut. Durch kalorienhaltige Getränke stimulieren Sie außerdem die Ausschüttung von Insulin zwischen den Mahlzeiten immer wieder neu. Nicht umsonst werden Süßgetränke mit dem Risiko für starkes Übergewicht und Diabetes in Verbindung gebracht. Also lieber Finger weg!

Zucker zugesetzt wurde, erkennen Sie nur anhand der Zutatenliste. Allerdings wird Zucker meist nicht als solcher deklariert, sondern kann sich hinter vielen anderen Namen verstecken (Seite 52).

Wie viel Zucker am Tag ist unbedenklich?

Generell sollten gesunde Menschen nicht mehr als 5 bis 10 Prozent des Kalorienbedarfs durch »freien Zucker« decken. Damit sind zugesetzte Zucker aller Art gemeint, aber auch der natürlicherweise in Honig, Ahornsirup oder Fruchtsäften enthaltene Zucker zählt hier dazu.

Bei einem Kalorienbedarf von ca. 2000 kcal sollten Sie also nicht mehr als ca. 25 bis 50 g Zucker aus diesen Lebensmitteln aufnehmen. Als Frau mit PCOS orientieren Sie sich sogar besser eher an der unteren 5-Prozent-Grenze. Je weniger, desto besser. Dieses Tagespensum ist aber schnell erreicht, z. B. mit je einem gestrichenen Esslöffel Honig und Marmelade sowie 100 ml Orangensaft.

Wie Sie Süßes am besten reduzieren

Als Frau mit PCO-Syndrom machen Sie lieber einen großen Bogen um stark verarbeitete, industrielle Produkte mit viel zugesetztem Zucker. Auch zuckerreiche natürliche Lebensmittel ohne Zuckerzusatz sollten Sie nur in minimalen Mengen zu sich nehmen. Es gilt, die Menge insgesamt zu reduzieren!

Zugegeben, Zucker einzusparen ist nicht immer einfach, besonders für Naschkatzen! Gehen Sie also realistisch an die Sache ran. Überlegen Sie, wie Sie Schritt für Schritt die Zuckerquellen aus Ihrer Ernährung reduzieren oder streichen können. Jeder Schritt in die richtige Richtung zählt! Gelegentlich sind natürlich auch im Leben einer Frau mit PCOS kleine Mengen Süßspeisen in Ordnung – am besten genießen Sie diese aber ganz bewusst im Anschluss an eine Mahlzeit, z. B. ans Mittagessen und nicht zwischendurch.

Eine Alternative zu Zucker: Erythrit

Fällt Ihnen der Umstieg auf zuckerarme Ernährung sehr schwer, können Sie geringe Mengen des Zuckeraustauschstoffs Erythrit probieren. Erythrit kommt in natürlicher Form auch in gewissen Obstsorten vor. Im Gegensatz zu anderen Zuckeraustauschstoffen enthält er keine Kalorien, schmeckt aber trotzdem süß und hinterlässt ein kühles Gefühl im Mund. Erythrit süßt etwas weniger stark als herkömmlicher Zucker. In einigen Rezepten im hinteren Teil des Buches wird Erythrit in geringen Mengen eingesetzt, wodurch die natürliche Süße von Lebensmitteln unterstrichen, aber nicht komplett überdeckt werden soll.

Ist »natürliche« Süße die Bessere?

Aktuell werden Speisen und Rezepte sehr gerne als »zuckerfrei« verkauft, obwohl bei der Zubereitung Ahornsirup, Agavendicksaft, Datteln und Co. als Süßungsmittel verwendet werden. All diese Lebensmittel enthalten jedoch Fruchtzucker und sind somit gar nicht zuckerfrei. Und trotzdem ist das Süßen mit diesen naturbelassenen, aber zuckerreichen Lebensmitteln sehr beliebt – wahrscheinlich, weil der darin enthaltene Fruchtzucker immer noch ein gesundes Image hat. Selbst in Gemüse findet man diese Zuckerart – wie könnte sie also schlecht sein?

Fruchtzucker wurde früher auch gerne in Diabetikerlebensmitteln eingesetzt. Denn der Körper benötigt für die Verwertung von Fruchtzucker zunächst einmal gar kein Insulin, was allen Zuckerkranken eigentlich hätte zugutekommen sollen (es kommt ihnen aber tatsächlich nicht zugute ...). Dazu bewirkt Fruchtzucker auch nur einen geringen Blutzuckeranstieg, sein GI liegt bei einem niedrigen Wert von 23. Da er überdies süßer als Traubenzucker und auch Haushaltszucker schmeckt, benötigt man weniger von ihm, um dieselbe Süße zu erreichen. Das weiß auch die Industrie zu schätzen. Mittlerweile wird Fruchtzucker deswegen gerne in Fertigprodukten, Getränken und Desserts eingesetzt. Ist Fruchtzucker also die gesunde Alternative für Frauen mit PCOS?

Nein, denn der Schein trügt. Fruchtzucker ist sogar das perfekte Beispiel, dass der glykämische Index durchaus auch mal zu einer falschen Einschätzung der Eignung von Lebensmitteln beim PCO-Syndrom führen kann. Wie kommt es dazu?

So reagiert Ihr Körper auf Fruchtzucker
Fruchtzucker erhöht den Blutzucker- und Insulinspiegel erst einmal nicht gravierend, weil er vom Körper ganz anders als Traubenzucker und Stärke verarbeitet wird. Er gelangt nämlich nicht schnell in den Blutkreislauf, sondern muss erst eine Zwischenstation in der Leber einlegen. Die Leber muss dann aus Fruchtzucker erst Traubenzucker herstellen, bevor sie diesen dann verzögert an den Kreislauf abgeben kann. Aus diesem Grund wirkt sich Fruchtzucker auf den Blutzucker- und Insulinspiegel stark verzögert aus. Als Nebenprodukte entstehen bei dieser Umwandlung in der Leber aber auch unerwünschte Beiprodukte wie Laktat, Triglyzeride, freie Fettsäuren und Harnsäure, es kommt bei sehr hoher Fruchtzuckerzufuhr also zu einer Erhöhung dieser Substanzen im Blut.

Aus Untersuchungen mit hohen Mengen an Fruchtzucker weiß man, dass es dadurch zu einer vermehrten Fetteinlagerung in der Leber und dem Muskel kommt. Dies trägt zur Entwicklung von Insulinresistenz bei und erhöht das Risiko für Diabetes. Zu einer deutlichen Abnahme der Insulinsensitivität, erhöhtem Insulinspiegel sowie einer Insulinresistenz der Leber kommt es beim Menschen allerdings erst ab einer hohen Fruchtzuckerzufuhr (z. B. 100 g pro Tag oder ab 15–23 Prozent der Energiezufuhr). In geringeren Mengen erhöht Fruchtzucker aber trotzdem bereits die Triglyzeride im Blut – selbst wenn Ihre Energiebilanz sonst stimmt. Das Ganze ist insofern relevant, als wir durchschnittlich etwa 90 g weißen Zucker täglich zu uns nehmen, welcher auch bereits zur Hälfte aus Fruchtzucker besteht.

Spearmint-Tee

Tea Time: keep calm and fight PCOS! Von einigen Teesorten glaubt man, dass sie einen günstigen Effekt auf das PCOS haben können. Untersuchungen mit Spearmint-Tee z. B. deuten auf antiandrogene Effekte hin.

Für 1 Tasse
⏲ 5 Min.

1 Zweig frische grüne Minze bzw. 1 gehäufter EL (5 g) getrockneter Spearmint (Mentha spicata liabiatae) • 250 ml Wasser

- Getrocknete oder frische Minze mit kochendem Wasser übergießen und 5 bis 10 Minuten ziehen lassen, dann abseihen und warm genießen.

Tipp Tees sind eine gelungene, kalorienfreie Abwechslung zu Wasser! Achten Sie beim Kauf von Tee darauf, dass keine versteckten Zuckerquellen wie etwa getrocknetes Apfelsaftkonzentrat enthalten sind. Süßholz im Tee kann vor allem in der Schwangerschaft problematisch sein. Wenn Sie auf naturbelassenen Früchte-, Kräuter-, Grün- oder Schwarztee setzen, können Sie aber wenig falsch machen.

Weniger ist mehr!
Herkömmlichen Kristallzucker nun gegen dieselbe Menge Zucker aus Agavendicksaft, Ahornsirup, Honig, Datteln und Co. zu tauschen, bringt also kein relevantes Plus für Ihre Gesundheit. Und da Sie fruchtzuckerreichen Ahornsirup, Dicksäfte und Co. genauso sparsam wie industriellen Zucker verwenden sollten, ist auch ihr Beitrag zur Vitamin- und Mineralstoffdeckung zu vernachlässigen! Worauf es ankommt, ist, insgesamt weniger Zucker zuzuführen – in welcher Form, ist letztlich Geschmackssache.

Sie müssen Fruchtzucker nun aber nicht gänzlich verbannen. Wenn Sie naturbelassenes Gemüse und Obst in den empfohlenen Mengen essen, hat die darin enthaltene Menge Fruchtzucker keine negative Auswirkung auf den Stoffwechsel oder Ihr Gewicht.

Fette – besser als ihr Ruf

Jahrzehntelang waren Fette verschrien. Sie galten als die Dickmacher Nummer Eins und als die Wegbereiter von Herz-Kreislauf-Erkrankungen. Denn man hatte festgestellt, dass die westliche, fettreiche Ernährungsweise mit der Übergewichtsepidemie und erhöhten Blutfettwerten sowie Gefäßverkalkung zusammenhängt. Die Folge war, dass (ähnlich wie nun beim aktuellen »Kohlenhydrate-Bashing«) bei vielen Menschen eine gewisse Angst vor Fett entstand. Obwohl es sich meist eher um ein Problem der Fettqualität handelte, war der zunehmend schlechte Ruf von Fett der Startschuss für die Ära der fettarmen (»Low Fat«-)Diäten.

Die richtige Fettmenge und -qualität kann sich aber auf Ihre Gesundheit, auch beim PCO-Syndrom, sehr positiv auswirken. Fette leisten unter anderem einen Beitrag zur Sättigung und zur verzögerten Erhöhung des Blutzucker- und Insulinspiegels. Einige Fette müssen Sie sogar unbedingt zuführen, denn Ihr Körper kann sie selbst nicht bilden.

So läuft Ihr Stoffwechsel »wie geschmiert«

Ungefähr jede dritte aufgenommene Kalorie (30 bis 35 Prozent der Energiezufuhr) sollte aus Fetten stammen. In einem Gramm Fett stecken allerdings viel mehr Kalorien (ca. 9 kcal) als in einem Gramm Kohlenhydrate und Proteine (jeweils ca. 4 kcal). Daher müssen Sie sparsam mit Fetten umgehen. Schnell hat man mit einigen Esslöffeln Öl oder einer Handvoll Nüsse eine Energiemenge jenseits der 400 kcal erreicht. Noch schwieriger ist es, die Menge an versteckten Fetten in tierischen Produkten, Fertigprodukten, Backwaren und Süßspeisen abzuschätzen. In ihnen verstecken sich meist gesättigte und Transfette, die nicht die gesündeste Wahl für Ihren Stoffwechsel, Ihr Herz und Ihren Hormonhaushalt darstellen.

Gesättigte Fette und Transfette: lieber nicht!
Zu viele gesättigte und Transfette (künstlich gehärtete Fette) reduzieren die Empfindlichkeit Ihrer Zellen auf Insulin und erhöhen das Risiko für Diabetes Typ 2, das meta-

Achtung, hier verstecken sich viele gesättigte Fette:

Butter, Schmalz, fettes Fleisch und Wurst, Milch, Käse, Sahne, Eier, Kokosfett, Palmfett sowie Produkte, die diese Lebensmittel enthalten.

bolische Syndrom und Herz-Kreislauf-Erkrankungen. Beim PCO-Syndrom sollten Sie deshalb die Zufuhr dieser Fette möglichst gering halten!

Gesättigte Fette. Im Durchschnitt nehmen Frauen in Deutschland etwa 50 Prozent mehr gesättigte Fette auf, als sie sollten. Wir sollten also achtsam sein! Gesättigte Fette sind vor allem in fetten tierischen Produkten enthalten.

Ersetzen Sie Lebensmittel mit einem hohen Anteil an gesättigten Fetten am besten durch Lebensmittel mit reichlich mehrfach ungesättigten Fetten: Butter, Schmalz, Kokos- und Palmfett können Sie gegen Rapsöl, Leinsamen, Walnüsse und deren Öle oder auch Nussmus tauschen. Lachs oder Makrele sind gute Alternativen zu fettem Fleisch und Wurst! Durch diese Umstellung können Sie zusätzlich den LDL-Cholesterinspiegel im Blut und damit Ihr Risiko für Herz-Kreislauf-Erkrankungen senken. Begehen Sie aber bitte nicht den Fehler, auf fettarme, dafür aber zuckerreiche Light-Produkte zu setzen! Gesättigte Fette durch ein Mehr an Zucker oder auch Weißmehlprodukten zu ersetzen ist genauso ungesund für Herz und Kreislauf.

Transfette. Diese Fette entstehen entweder auf natürliche Weise oder durch die industrielle Härtung bzw. starkes Erhitzen von Fetten und Ölen. Bereits geringe Mengen an Transfetten in Ihrer Ernährung schaden Ihrer Gesundheit enorm. Aus einer groß angelegten Studie weiß man, dass Transfette das Risiko für Unfruchtbarkeit erhöhen, die durch Störungen des Eisprungs bedingt ist. Da genau das auch das Problem beim PCOS ist, sollten Sie Transfette möglichst meiden!

Achtung, hier können sich Transfette verstecken:

Frittiertes, Süßwaren, Backwaren, industriell gehärtete Fette

Omega-3-Fette: mehr davon!
Den Omega-3-Fetten EPA (Eicosapentaensäure) und DHA (Docosahexaensäure) werden viele positive Wirkungen zugeschrieben, die auch für Ihr PCO-Syndrom von Vorteil sind. Denn die Fette punkten dank ihrer positiven Effekte auf das bauchbetonte Übergewicht und mildern Fettstoffwechselstörungen. Sie sollten also regelmäßig Omega-3-Fette (EPA, DHA) sowie die pflanzliche Alpha-Linolensäure in ausreichenden Mengen aufnehmen, da Ihr Körper auf sie dringend angewiesen ist. Die meisten Menschen nehmen leider viel zu wenig Omega-3-Fette auf, dafür eher zu viele Omega-6-Fette (die z. B. in vielen tierischen Fetten, Distelöl oder Sonnenblumenöl enthalten sind). Wenn sie dieses Missverhältnis wieder beheben, führt dies einer Untersuchung zufolge bei PCOS zu niedrigeren Testosteronwerten.

Diese Lebensmittel liefern viele Omega-3-Fette

EPA, DHA:
Lachs, Makrele, Hering, Sardelle (diese Fische weisen einen niedrigen Quecksilbergehalt auf) sowie Algen (Achtung: mögliche Schwermetallbelastung und enorm hoher Jodgehalt)
Alpha-Linolensäure:
Leinöl, Rapsöl, Walnussöl, Leinsamen, Walnüsse

Kernige Cracker

Nüsse und Kerne hier als unwiderstehliche Cracker – ein Snack ganz ohne Getreide, dafür mit gesunden Fetten und vielen Mineralien.

Für 6 Portionen

⏲ 10 Min. + 20 Min. Backzeit

1 Eiweiß • 1 Prise Salz • 25 g Sesam • 50 g frisch gemahlene Walnüsse • 35 g Sonnenblumenkerne • 35 g Kürbiskerne • 15 g Leinsamen

- Eiweiß mit einer Prise Salz steif schlagen.
- Nüsse, Kerne und Samen vermischen und vorsichtig unter die Eiweißmasse rühren.
- Die Masse dünn auf ein mit Backpapier belegtes Blech streichen und mit einem Messer in Cracker-Formen zerteilen.
- Die Cracker ca. 20 Minuten im vorgeheizten Ofen bei 130 °C Ober- und Unterhitze backen.

Nährwerte pro Portion:

155 kcal / 6 g E / 14 g F, davon 2 g gesättigte Fette / 3 g KH / g Ba

Eiweiß – regelmäßig, aber in kleinen Mengen

Das Thema Eiweiß wird aktuell in der Ernährungsforschung bei Übergewicht, dem metabolischen Syndrom und PCOS viel diskutiert. Eine höhere Eiweißzufuhr verhilft Ihnen im Rahmen einer Diät zu einem besseren Sättigungsgefühl, wodurch Sie wahrscheinlich auch mehr abnehmen können. Eiweißreiche Diäten sind im Moment aber auch wegen der positiven Effekte auf die Muskulatur sehr beliebt. Es scheint, als ob das aktuelle Ernährungsmotto vieler »Pro Protein« lautet. Aber wie überall sonst auch, gibt es auch beim Thema Eiweiß ein Zuviel des Guten.

Wir wissen inzwischen, dass auch Proteine zur Insulinausschüttung beitragen (wenn auch geringer als Kohlenhydrate), denn schließlich gelangen Aminosäuren dank Insulin in die Muskulatur. Bestimmte verzweigtkettige Aminosäuren (die z.B. auf Molkenproteinen basieren) werden gerne in speziellen Eiweißpräparaten für Sportler eingesetzt, eben weil sie die Insulinspiegel verhältnismäßig stark heben und so die Muskulatur unterstützen sollen. Bei PCOS könnte das allerdings eher nachteilig sein. Auch wenn diese Aminosäuren prinzipiell lebensnotwendig sind, mehren sich nun sogar Hinweise, dass eine höhere Zufuhr bzw. Spiegel verzweigtkettiger Aminosäuren zur Entstehung der Insulinresistenz beitragen können.

Es gibt für eine eiweißreiche Ernährung bei PCOS also sowohl das Für als auch das Wider. Der gesunde Mittelweg, also eine mäßige Eiweißzufuhr, scheint mir beim PCO-Syndrom eine gute Lösung zu sein – nicht zuletzt deswegen, weil bisher noch zu wenig konkrete PCOS-relevante Studien dazu vorliegen.

So sind Sie mit Eiweiß gut versorgt!

Aminosäuren werden in unserem Körper laufend benötigt, damit daraus Proteine für Muskel, Enzyme, Hormone usw. gebildet werden können. Wie viel Eiweiß Sie benötigen, ist individuell sehr unterschiedlich. Wahrscheinlich ist es weniger, als Sie denken! Eine 1,70 cm große, normalgewichtige Frau benötigt beispielsweise rein rechnerisch ungefähr 60 g Eiweiß pro Tag (diesen Bedarf decken Sie z.B. durch die Rezepte in der Rubrik »Mein perfekter Tag«, Seite 12). Prinzipiell ist eine Ernährung mit ca. 15 bis 20 Energieprozent Eiweiß empfehlenswert. Diäten mit einem Eiweißgehalt dieser Bandbreite waren auch bei PCOS bisher erfolgreich, weshalb die Rezepte in diesem Buch entsprechend entwickelt wurden.

Ihre Eiweißquellen

Um Ihren Eiweißbedarf zu decken, können Sie täglich aus pflanzlichen, aber auch gelegentlich aus tierischen Eiweißquellen wählen. Praktische Anhaltspunkte zu Portionsgrößen und Häufigkeit des Verzehrs finden Sie in Ihrem Basis-Ernährungsplan (Seite 64). Auf Eiweißpulver und eiweißangereicherte Fitnessprodukte mit Molkenproteinzusatz sollten Sie in jedem Fall verzichten.

Hier steckt Eiweiß drin:

Pflanzliches Eiweiß:
Getreide und Getreideprodukte, Hülsenfrüchte, Quinoa, Kerne, Nüsse und Samen

Tierisches Eiweiß:
Fisch, mageres Fleisch, Eier, Käse, Quark, Milch

Aktiv gegen PCOS mit Bewegung!

Neben der Ernährung kann vor allem auch Bewegung zu einer Wunderwaffe bei PCOS werden. Zusammen sind sie das Dream-Team, denn sie ergänzen sich in ihren positiven Wirkungen beim Abnehmen und bei der Insulinresistenz.

Ausreichend Bewegung ist, wie wir alle wissen, eines der wirksamsten Mittel, um gesund zu bleiben und unser Idealgewicht zu halten. Wenn Sie an PCOS erkrankt sind, hilft Ihnen Sport – zusätzlich zur Ernährungsumstellung – nicht nur dabei, Gewicht zu reduzieren, sondern auch, die Insulinsensitivität zu erhöhen. Damit wiederum unterstützen Sie Ihren Hormonhaushalt und die Eisprungrate. Das zusätzliche Plus bei sportlicher Aktivität: Schon nach kurzer Zeit werden Sie sich viel wohler und attraktiver fühlen!

So profitieren Sie vom bewegten Leben: Sport ...

- **... beugt Diabetes mellitus Typ 2 vor.** Frauen mit PCOS haben leider ein höheres Risiko, frühzeitig an Diabetes zu erkranken. Eine Lebensstiländerung mit gesunder Ernährung und mehr als 2 ½ Stunden Bewegung pro Woche wirkt hier effektiv dagegen. Selbst durch dieses moderate Bewegungsprogramm verringert sich das Voranschreiten einer verminderten Glukosetoleranz zu Typ-2-Diabetes um 58 Prozent. Ihr Lebensstil hat damit wissenschaftlich bestätigt eine deutlich stärkere Vorbeugewirkung als das zur Therapie häufig eingesetzte Medikament Metformin.

- **... wirkt Risikofaktoren für Herz-Kreislauf-Erkrankungen entgegen.** Bewegung erhöht das gute Cholesterin (HDL), verbessert die Blutfettwerte sowie die Regulation des Blutdrucks. Solch gute Stoffwechselparameter sind für Frauen mit PCOS das Ticket für ein gesundes Leben über die »fruchtbaren Jahre« hinaus.

- **... unterstützt Sie beim Abnehmen.** Frauen mit PCOS berichten immer wieder, wie schwierig es ist, aus eigener Kraft Gewicht zu reduzieren. In einer Studie konnte ein individuell abgestimmtes Bewegungsprogramm erwiesenermaßen auch Frauen mit PCOS beim Abnehmen helfen, selbst wenn der Gewichtsverlust durch Bewegung alleine geringer als durch gleichzeitige Ernährungsumstellung ausfiel. Fazit: Mit individualisiertem Ernährungs- und Bewegungsplan klappt es sicher auch bei Ihnen! Holen Sie sich gegebenenfalls professionelle Hilfe!

- **... verbessert Ihre Körperzusammensetzung.** Frauen mit PCOS, die eine Ernährungsumstellung mit gleichzeitigem Ausdauer- und Krafttraining kombinierten, konnten mehr Fett abbauen und mehr fettfreie Masse behalten als diejenigen, die nur ihre Ernährung umstellten. Das sind wichtige körperliche Veränderungen, die auch Ihrem Hormonhaushalt zugutekommen! Bei regelmäßiger Bewegung bleibt Ihre Muskelmasse besser erhalten, was dabei hilft, den Grundumsatz hoch zu halten. Sowohl Ausdauer- als auch Kraftsport scheinen ähnlich effektiv das Bauchfett (das bei PCOS ja besonders problematisch ist) zu reduzieren. So können sogar normalgewichtige Frauen mit PCOS von Training profitieren, denn auch diese Gruppe neigt tendenziell zur bauchbetonten Fettverteilung.
- **... hilft, Insulin zu sparen.** Bewegung verbessert die Insulinsensitivität. Während Sie sich bewegen und bis zu zwei Stunden danach kann Ihr Muskel mehr Zucker aus dem Blut aufnehmen, zum Teil sogar, ohne dass dafür Insulin benötigt wird.

Bewegungstipps:

Fit dank Kombi: Wenn Sie optimale Resultate erreichen möchten, kombinieren Sie Ausdauer- und Krafttraining. Denn so kräftigen Sie auch Ihre Muskelmasse, die Zucker als Treibstoff verwendet!

Trainingsplan: Bewegen Sie sich mindestens 2 ½ Stunden pro Woche moderat bis intensiv und verteilen Sie die Einheiten z. B. auf drei Tage, dabei sollten Sie nicht mehr als zwei aufeinanderfolgende Tage pausieren! Natürlich darf es je nach Trainingszustand und Gewichtsstatus auch etwas mehr Bewegung sein! Bedenken Sie allerdings, dass es auch ein individuelles »Zuviel« an Bewegung geben kann. Dann könnte es sogar zu negativen Effekten auf die Fruchtbarkeit kommen.

Bleiben Sie auch im Alltag in Bewegung: Versuchen Sie Tätigkeiten, bei denen Sie sitzen, möglichst zu reduzieren! Also: lieber Fahrradfahren als das Auto nehmen, Treppen steigen statt den Fahrstuhl nehmen.

Jeder Schritt zählt! Frauen mit PCOS, die aktiv sind, haben nicht nur eine bessere Körperzusammensetzung, sondern auch tendenziell ein günstigeres Androgenprofil. Der freie Androgenindex (FAI) sinkt z. B. um 1,07, wenn Sie täglich 2000 Schritte zusätzlich gehen. Ein solches Schritte-Plus kann auch die Empfindlichkeit Ihrer Zellen auf Insulin wieder erhöhen und sich positiv auf Ihr Körpergewicht auswirken.

Intensiv-Programm: Wenn Sie kein Sportanfänger sind, können Sie auch von intensiveren Trainingseinheiten profitieren: So scheint durch hochintensives Intervalltraining (HIIT), bei dem sich intensive Belastungs- und Erholungsphasen abwechseln, die Insulinresistenz eher abzunehmen als durch kontinuierliches Training. Untersuchungen ergaben, dass Frauen mit PCOS, die sich pro Woche mindestens 75 Minuten hochintensiv bewegten, schlanker und weniger insulinresistent waren als die, die sich nur moderat oder gar nicht bewegten. Bevor Sie allerdings mit einem so intensiven Training beginnen, steht ein Check Ihrer Gesundheit und Fitness an!

Milchprodukte und PCOS: eine Kontroverse

Unter den eiweißreichen Lebensmitteln werden Milchprodukte immer wieder in ein schlechtes Licht gerückt. Angeblich sollen sie auch bei PCOS nachteilig sein. Was steckt hinter dieser Behauptung?

Milch ist von Natur aus eine gute Nahrungsquelle zur Förderung von Wachstum und Entwicklung. Ganz logisch, wenn man bedenkt, dass Milch von der Natur eigentlich für die kleinsten Säuger gedacht ist. Durch die Art der enthaltenen Aminosäuren und die leichte Verdaulichkeit des Milcheiweißes fördert Milch die Insulinausschüttung und den Aufbau von Körpersubstanz in einem Ausmaß, das unter kohlenhydratarmen Lebensmitteln fast einzigartig ist. Aus rein biologischer Sicht könnte Milch theoretisch durchaus über die Insulinausschüttung, aber auch über in ihr enthaltene Hormone, die speziellen Milchproteine oder auch Milchfette Auswirkungen auf Androgene im Blut, Akne und Co. und somit auch auf PCOS haben. Auch wenn da etwas dran sein könnte – bisher fehlen solide wissenschaftliche Daten, ob Milchprodukte nun einen negativen Beitrag zu PCOS leisten oder nicht. Und wenn ja, ab welcher Menge.

PCOS-Ernährung mit Milchprodukten ist möglich

Auf der anderen Seite gibt es zahlreiche Untersuchungen zur Gewichtsabnahme bei PCOS, die trotz erlaubten Verzehrs von Milchprodukten insgesamt zu positiven Ergebnissen geführt haben.

In einer aktuellen Studie mit PCOS-Patientinnen erzielte die sogenannte »DASH-Ernährung«, die sogar etwas mehr Milchprodukte (und somit auch mehr Kalzium) enthielt, bessere Resultate in Bezug auf die Hormon-Balance als eine konventionelle Abnehmdiät. Neben drei Portionen fettarmer Milchprodukte pro Tag standen bei der DASH-Ernährung auch reichlich Vollkorngetreide, Gemüse, Obst, Nüsse und Hülsenfrüchte, dafür weniger Zucker auf dem Speiseplan. Selbst wenn auch diese Lebensmittel für den positiven Effekt ausschlaggebend sein konnten, zeigt das Resultat zumindest, dass eine prinzipiell gesunde Ernährungsweise auch mit Milchprodukten für die hormonelle Situation des PCOS zu funktionieren scheint!

Milchprodukte ja – aber in Maßen

Milchprodukte sind sehr gute Kalziumlieferanten und unterstützen so den Kalzium-Vitamin-D-Haushalt, der für Follikelentwicklung und den Zuckerstoffwechsel eine wichtige Rolle spielt. Da es bisher keine wissenschaftlichen Beweise für die Schädlichkeit von Milchprodukten bei PCOS gibt, gibt es auch keinen Grund, auf diese generell zu verzichten. Und trotzdem gilt auch hier, wie so oft: Die Dosis ist entscheidend! Nehmen Sie also Milchprodukte nur in Maßen zu sich. Auch pflanzliche Kalziumquellen aus Sesam, Himbeeren oder Brokkoli sind wertvoll!

Wenn Sie Probleme mit Akne haben, müssen Sie auch nicht sofort sämtliche Milchprodukte von Ihrer Einkaufsliste streichen. Versuchen Sie es erst einmal mit anderen, wissenschaftlich erprobten Maßnahmen, allen voran Gewichtsverlust und die Verwendung von hochwertigen Fetten und Kohlenhydraten: Denn der Einsatz hochwertiger Fette sowie eine Ernährung mit niedrigem GI kommen Ihrer Haut auf jeden Fall zugute!

Wie viele Mahlzeiten? Entscheiden Sie selbst!

Ob für Sie eher drei oder fünf Mahlzeiten am Tag das Richtige sind, finden Sie am besten selbst heraus. Wichtig ist dabei, dass Sie das Schema wählen, mit dem Sie Ihr persönliches Kalorienziel am einfachsten erreichen können – ganz egal, ob Sie nun Ihr Gewicht halten oder abnehmen möchten. Ideal ist die Anzahl Ihrer täglichen Mahlzeiten dann, wenn Sie sich damit so richtig wohlfühlen, Heißhungerattacken der Vergangenheit angehören und eine gesunde Ernährung für Sie in der Praxis leicht umsetzbar wird.

Wenn Sie mit Ihrer derzeitigen Mahlzeitenstruktur unzufrieden sind, lohnt es sich, die Argumente beider Strategien neu abzuwägen. Dazu möchte ich Ihnen gerne ein paar Anhaltspunkte an die Hand geben, mit denen Sie Ihren persönlichen Weg finden können. Wie groß Ihre Mahlzeiten nun ausfallen sollen, ist von Ihrem persönlichen Kalorienbedarf abhängig und natürlich auch davon, wie viele Mahlzeiten Sie am Tag essen möchten.

Das spricht tendenziell für häufigere, dafür kleinere Mahlzeiten (z. B. 5-mal am Tag)	Das spricht tendenziell für weniger Mahlzeiten (z. B. 3-mal am Tag)
Es fällt Ihnen leichter, Ihr Kalorienziel mit häufigeren, dafür kleineren Mahlzeiten einzuhalten.	Es fällt Ihnen leichter, Ihr Kalorienziel mit drei Mahlzeiten einzuhalten.
Sie essen langsam und nehmen Ihr eintretendes Sättigungsgefühl gut wahr. Sie neigen nicht dazu, sich zu überessen.	Es fällt Ihnen noch sehr schwer, rechtzeitig auf Ihre Sättigungssignale zu hören, und Sie neigen deshalb dazu, Ihre Mahlzeiten ohnehin schon eher zu groß ausfallen zu lassen.
Sie möchten Ihr Gewicht eher halten. Der höhere Energiebedarf ermöglicht mehrere kleinere Mahlzeiten.	Sie möchten eher Gewicht verlieren und Kalorien einsparen. Bei einem niedrigen Kalorienziel (z. B. 1500 kcal) sind 3 Mahlzeiten praktikabler.
Sie sind schlank, haben eine hohe Muskelmasse oder treiben viel Sport. Dann ergibt die eine oder andere Zwischenmahlzeit durchaus Sinn.	Sie sind es gewohnt, drei Mahlzeiten zu essen, und würden sich unnötigem Stress aussetzen, wenn Sie nun auf einmal 5 gesunde Mahlzeiten am Tag vorbereiten müssten.
Sie sind insulinresistent oder haben Diabetes Typ 2. Durch häufigere, kleine Mahlzeiten werden Blutzucker- und Insulinspiegel jeweils geringer erhöht, womit der Körper dann besser zurechtzukommen scheint. Einer aktuellen Studie zufolge erreichten Frauen mit PCOS, die mehrmals am Tag kleinere Portionen aßen (6-mal versus 3-mal/Tag) eine bessere Insulinsensitivität. Mehr als 6 Mahlzeiten sollten es aber nicht sein – sehr häufiges Essen lässt die Insulinspiegel nicht abfallen.	Essen Sie mindestens 3-mal am Tag! Denn sonst wird die Last an Kohlenhydraten und anderen Nährstoffen bei den verbleibenden Mahlzeiten sehr hoch. Bei Insulinresistenz kann das eine unnötige Belastung darstellen.
Bei 3 Mahlzeiten täglich entwickeln Sie einen derartigen Heißhunger, dass Sie (ungesund) snacken oder sich bei der darauffolgenden Mahlzeit überessen.	3 Mahlzeiten sollten es mindestens sein: Denn lange Intervalle ohne Energiezufuhr können sich negativ auf Ihre Leistungsfähigkeit auswirken, zu Heißhungerattacken und Überessen führen.

BASIS-ERNÄHRUNGSPLAN

KATEGORIE KOHLENHYDRATE

GETREIDE UND PSEUDOGETREIDE Ca. 4 Portionen pro Tag (zu jeder Mahlzeit)
1 Portion entspricht:

- 50 g Vollkornmehl (z. B. Weizen-, Roggen-, Dinkelvollkornmehl)
- 50 g Getreidekörnern oder Graupen (Gerste, Dinkel, Weizen)
- 50 g Quinoa, Buchweizen
- 50 – 70 g (ca. 1 Scheibe) Vollkornbrot aus 100 % Vollkorngetreide: am besten mit ganzen Körnern und Sauerteig (z. B. Pumpernickel)
- 50 g Großblatt-Haferflocken, Dinkelflocken, Roggenflocken, Gerstenflocken (keine Instant-Flocken)
- 50 – 60 g Vollkornreis/Naturreis; roh gewogen
- 65 – 80 g Vollkornnudeln (z. B. Weizen-, Roggen-, Dinkelvollkornnudeln); roh gewogen

OBST 2 Portionen pro Tag
1 Portion entspricht 1 kleinen Handvoll (125 – 150 g)
Diese Obstsorten haben einen niedrigen/mittleren Zuckergehalt:

- Zitrusfrüchte: Limette, Zitrone, Mandarine, Grapefruit
- Beeren: Himbeere, Heidelbeere, Erdbeere, Brombeere, Johannisbeere
- Apfel, Birne, Rhabarber, Papaya

TIPP: Lebensmittel aus der Kategorie Kohlenhydrate …
… sollten Sie so wenig wie möglich verarbeiten! Zerkleinern, lange Kochzeiten oder Pürieren erhöhen den GI.
… kombinieren Sie mit Lebensmitteln aus den Kategorien Fette und Eiweiß und mit Gemüse und Salaten.

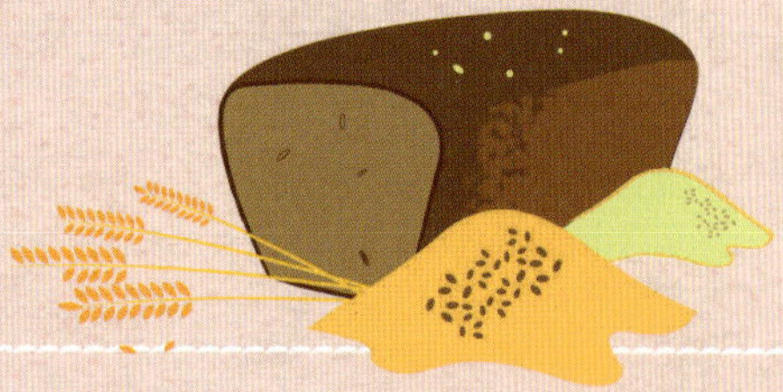

KATEGORIE FETTE

NÜSSE, SAMEN UND KERNE 1 Portion täglich
1 Portion entspricht 1 – 2 EL

- Walnüsse*, Leinsamen*, Hanfsamen*, Mandeln, Erdnüsse, Haselnüsse, Sonnenblumenkerne, Chiasamen*, Cashewkerne, Kürbiskerne, Pinienkerne, Sesam, Pistazien, Mohn
- Mus aus Nüssen, Samen oder Kernen (z. B. Mandelmus, Tahini, Haselnussmus) ohne Zusatz von Zucker und Salz

ÖLE UND FETTE 1 Portion täglich
1 Portion entspricht 1 – 2 EL

- zum sanften, kurzen Erhitzen (bis 180 C°): Olivenöl, nativ
- zum Erhitzen und Braten: Rapsöl
- für die kalte Küche: Walnussöl, Leinöl

TIPP: Die Lebensmittel aus dieser Kategorie sollten möglichst schonend zubereitet werden. Frittieren, starkes Rösten und Erhitzen von Lebensmitteln in Öl setzt der Fettqualität stark zu. Gesundheitsschädliche Transfette können entstehen!

*liefern pflanzliche Omega-3-Fettsäuren und sind besonders empfehlenswert!

KATEGORIE EIWEIß

FISCH 1–2 Portionen pro Woche
1 Portion entspricht 100–150 g

- Folgende Fische enthalten reichlich Omega-3-Fettsäuren und haben einen tendenziell niedrigeren Quecksilbergehalt: Wildlachs, wilder Räucherlachs, Makrele, Hering, Sardellen
- Süßwasserfische: z. B. Zander, Saibling, Forelle

FLEISCH bis zu 3 Portionen pro Woche
1 Portion entspricht 100 – 150 g

- Hühnerbrust, Putenbrust, mageres Rindfleisch, Schweinsfilet, Lamm, Wild

MILCHPRODUKTE Maximal 3 Portionen pro Tag
1 Portion entspricht:

- 200 g Milch, Naturjoghurt, Buttermilch
- 50 g Käse
- 200 g Quark oder Hüttenkäse

EIER ca. 3 Stück pro Woche

TIPP: Fette Milchprodukte wie Butter, Mascarpone oder Sahne enthalten viel gesättigte Fette und kaum Kalzium. Sie sind für Ihre Ernährung also von geringem Nutzen.

MISCHKATEGORIE KOHLENHYDRATE + EIWEIß

HÜLSENFRÜCHTE Mehrmals pro Woche bis täglich 1 Portion
1 Portion entspricht:

- 70–100 g rohen, getrockneten Bohnen oder Linsen
- 150 – 200 g gekochten Bohnen oder Linsen (z. B. Konserve ohne Zusatz von Zucker)

FREIE KATEGORIE

GEMÜSE UND SALAT So viel Ihr Herz begehrt, am besten zu jeder Mahlzeit! Mindestens 3 Portionen pro Tag
1 Portion entspricht:

- ca. 100 – 200 g rohem Gemüse
- ca. 75 – 100 g Salaten aller Art
- ca. 200 – 300 g naturbelassenem, gegartem Gemüse (frisch oder TK, ohne Zusätze)
- Produkte aus Gemüse: passierte Tomaten und Tomatenmark, Sauerkraut, Essiggurken ohne Zuckerzusatz, eingelegte Artischocken etc.

KRÄUTER, GEWÜRZE UND SONSTIGES

- alle naturbelassenen Gewürze und Kräuter
- Essig (ohne Zusatz von Zucker, Saft oder Most)
- Senf (ohne Zucker, z. B. Dijon-Senf)

GETRÄNKE Mindestens 1,5 l über den Tag verteilt trinken!

- Wasser, ungesüßter Tee, Mineralwasser, Essig
- Zusatz von Zitronensaft, Apfelessig oder Obst- und Gemüsespalten sowie Kräutern zur Aromatisierung von Wasser möglich

KEINE GUTEN DURSTLÖSCHER: Machen Sie einen hohen Bogen um alkoholische Getränke, Fruchtsäfte, Fruchtnektare, Limonaden, Sirupe, herkömmliche Smoothies, Milchshakes und gezuckerte Milchgetränke!

Rhythmus und Größe der Mahlzeiten sollten Sie so wählen, dass es möglichst zu keinem Überschuss an Kalorien kommt. Durch langsames, bewusstes Essen lernen Sie, Ihrem Hunger- und Sättigungsgefühl wieder zu vertrauen (Seite 33).

Werden Sie zum Gewohnheitstier!

Eine neue, gesunde Routine zu etablieren ist das A und O bei einer Ernährungsumstellung. Stärken Sie sich regelmäßig mit gesunden Mahlzeiten und bleiben Sie dann auch am Ball! Man hat nämlich festgestellt, dass regelmäßiges Essen im Vergleich zu unregelmäßigen Mahlzeiten einen positiven Einfluss auf Insulin- und Blutfettwerte hat – egal, ob Sie Sie übergewichtig oder schlank sind. Außerdem sind die regelmäßigen Esser im Durchschnitt auch die Schlankeren.

So essen Sie bei PCOS

Wie kann Ihre Ernährung denn nun ganz praktisch aussehen? Lebensmittel enthalten oft eine Kombination der Hauptnährstoffe Kohlenhydrate, Eiweiß und Fette, wobei die meisten Lebensmittel zur Deckung eines der drei Hauptnährstoffe besonders beitragen. Aus diesem Grund werden Lebensmittel im Basis-Ernährungsplan (Seite 64) und auch im 5-Schritte-Mahlzeitenplan in entsprechende Kategorien »Kohlenhydrate«, »Eiweiße« und »Fette« eingeteilt. Außerdem gibt es noch eine »freie« Kategorie, aus der Sie nach Belieben wählen können! Wenn Sie Ihren Ernährungsplan entsprechend diesen Kategorien zusammenstellen, erreichen Sie ein ausbalanciertes Verhältnis der drei Hauptnährstoffe, das sich auch bei PCOS als günstig erwiesen hat. Sehen Sie die Vorschläge allerdings eher als Orientierung – jede Frau mit PCOS is(s)t anders!

Das kommt auf Ihren Teller

Ihr 5-Schritte-Mahlzeitenplan

Wichtig ist bei PCOS, dass Sie Ihre Mahlzeiten »mit Köpfchen« zusammenstellen: nämlich so, dass Sie damit nicht nur für reichlich wertvolle Nährstoffe, sondern auch für eine abgeschwächte Insulinausschüttung sorgen! Die richtige Zusammenstellung sorgt für eine anhaltende Sättigung und beugt etwaigen reaktiven Unterzuckerungen sowie Heißhungeranfällen vor. Und so geht das:

Schritt 1: die Mischung macht's

Alle Ihre Mahlzeiten sollten aus einem Mix aus allen drei Hauptnährstoffen (Eiweiß, Fette und Kohlenhydrate) bestehen. Denn so verteilen Sie Ihre Kohlenhydratration automatisch gleichmäßig über den Tag. Eine Mahlzeit, die hingegen vorwiegend Kohlenhydrate enthält, führt zu einem stärkeren Blutzucker- und Insulinanstieg, als wenn alle drei Hauptnährstoffe miteinander kombiniert werden. Gesunde Fette sorgen für den Verzögerungseffekt, Eiweiß fördert die Sättigung. In der Grafik (Seite 66) finden Sie einen Vorschlag, wie Ihr Teller mit einer gesunden Mischung der drei Hauptnährstoffe aussehen kann.

Die Rezepte der Mahlzeiten in diesem Buch wurden nach diesem Prinzip entwickelt. Das Schema erlaubt Ihnen aber auch, selbst kreativ zu werden. Ihren Teller können Sie flexibel nach Lust und Laune mit gesunden Zutaten belegen. So ist Abwechslung garantiert!

Schritt 2: freie Fahrt für Gemüse und Salat

Gemüse und Salate liefern reichlich Vitamine und (lösliche) Ballaststoffe, ohne dass sie sich spürbar auf Ihrem Kalorienkonto niederschlagen. Ein hoher Anteil an rohem Gemüse sorgt für mehr »Kausubstanz« – so essen Sie automatisch länger und nehmen Ihr Sättigungsgefühl rechtzeitig wahr. Rohes Gemüse wird außerdem langsamer verdaut als gekochtes, was ein Vorteil für Ihr Blutzucker- und Insulinprofil sein kann. Befüllen Sie deshalb mindestens ein Drittel bis die Hälfte Ihres Tellers mit Gemüse, Rohkost, Blatt- oder Gemüsesalaten.

Ideal beim Abnehmen: Veggie-Preloads
Essen Sie einen Teil Ihrer Gemüseration einfach vorab in Form von vorspeisentauglichen Gemüsesuppen oder Rohkostsalaten. Als sogenannte »Preloads« helfen Ihnen kalorienarme Suppen oder Salate, früher ein Sättigungsgefühl zu entwickeln und auch ohne Kalorienzählen erfolgreich zu sein. Einer Studie zufolge kamen Personen dadurch im Anschluss mit einer um 20 Prozent kleineren Hauptspeise aus.

Vorspeisensuppen und Beilagensalate enthalten wenig Kohlenhydrate und Eiweiß und können so als sinnvolle Ergänzung vor oder zu einer Hauptmahlzeit gegessen werden.

Schritt 3: gesunde Fette vor!

Fügen Sie jeder Mahlzeit wertvolle Fette entweder aus Nüssen, Samen und Kernen, Avocados oder hochwertigen Ölen zu. Ein bis zwei Esslöffel Öl oder zwei Esslöffel Nüsse pro Portion sind genug.

Schritt 4: stark mit Stärke!

Wählen Sie ballaststoffreiche, möglichst wenig verarbeitete Stärkebeilagen, z. B. Vollkornprodukte, Naturreis, Quinoa oder Buchweizen. Um den GI niedrig zu halten, kochen Sie diese nicht weicher als notwendig. Möchten Sie den Stärkegehalt (Seite 40) noch etwas verringern, können Sie das durch Vorgaren, Abkühlenlassen und erneutes Aufwärmen vor dem Essen erreichen. Wenn Sie bereits Störungen des Blutzuckerstoffwechsels haben, können Sie die Insulinausschüttung weiter senken, indem Sie zuerst Gemüse und die Kohlenhydratkomponente erst am Ende der Mahlzeit essen.

Verteilen Sie Ihr Pensum an kohlenhydratreichen Lebensmitteln so gleichmäßig wie möglich auf Ihre Mahlzeiten. Ihren Teller befüllen Sie am besten jeweils zu einem Viertel bis maximal einem Drittel mit kohlenhydratreichen Lebensmitteln.

Schritt 5: pro Protein!

Eine regelmäßige Eiweißzufuhr ist für den Körper wichtig. Pro Mahlzeit reichen allerdings kleinere Mengen Eiweiß aus, selbst um die Regeneration nach sportlicher Betätigung zu unterstützen. Auch in diesem Fall profitieren Sie von einer Kombi aus Proteinen und Kohlenhydraten. Eiweiß punktet dank einer erhöhten Sättigungswirkung. Stellen Sie Ihre Mahlzeiten zu einem Viertel aus proteinreichen Lebensmitteln zusammen (Fisch, Fleisch, Eier, Milchprodukte). Auch Hülsenfrüchte sind proteinreich, allerdings sind sie auch Lieferanten für Kohlenhydrate – sie decken also beide Kategorien ab.

Die Add-ons

Sauer macht lustig: Fügen Sie Ihrem Essen gerne auch etwas Säure aus Zitronensaft oder Essig zu. Das wirkt sich positiv auf Ihren Glukose- und Insulinspiegel aus.

Für mehr Würze im Leben: Toben Sie sich beim Kochen und Zubereiten so richtig mit Kräutern und salzarmen Gewürzen aus. Das sorgt für das gesunde Plus an Geschmack!

Süße Früchtchen: Ihre Obstportion essen Sie am besten nicht lose, sondern mit anderen Zutaten kombiniert in einer Mahlzeit (z. B. beim Frühstück) oder nach Bedarf direkt im Anschluss an eine Mahlzeit, z. B. das Mittagessen.

Schonend zubereiten bei PCOS

Bei der Zubereitung von Speisen können unerwünschte Beiprodukte entstehen, z. B. AGEs (Advanced Glycation Endproducts). Diese Substanzen entwickeln sich vor allem durch trockenes, sehr starkes Erhitzen, also etwa trockenes Rösten oder trockenes Backen im Ofen bei hohen Temperaturen. Es gibt einige Hinweise darauf, dass erhöhte AGE-Werte im Blut negative Effekte auf den Insulin- und den Androgenspiegel haben könnten.

Halten Sie also lieber die Temperaturen niedrig und die Garzeiten kurz und setzen Sie beim Kochen Feuchtigkeit ein – so entstehen weniger AGEs. Dämpfen, Dünsten oder in Flüssigkeit köcheln sind beispielsweise günstige Zubereitungsarten. Auch säurehaltige Marinaden aus Zitronensaft oder Essig verringern während des Kochens den AGE-Gehalt.

Einkaufstipps

Bevor Sie sich nun ans Ausprobieren der Rezepte machen, möchte ich Ihnen noch einige

Hinweise für Ihren Einkauf mit auf den Weg geben:

- Achten Sie auf Frische und gute Qualität der einzelnen Zutaten.
- Lesen Sie die Zutatenliste! Die meisten dunklen Brote mit Körnern oder »Mehrkornbrote« erwecken zwar einen gesunden Eindruck, enthalten aber meist gar kein Vollkorn. Wo explizit »Vollkorn« draufsteht, ist es auch drin!
- Kaufen Sie möglichst regionale Produkte der Saison.
- Kaufen Sie bevorzugt Produkte aus biologischem Anbau! Pestizidrückstände befinden sich nämlich vor allem in den Randschichten von konventionell angebautem Obst, Gemüse, aber auch Vollkorngetreideprodukten. Auch bei tierischen Produkten ist die biologische Herkunft sehr wichtig!
- Vermeiden Sie der Umwelt und Gesundheit zuliebe möglichst Verpackungen aus Plastik. Sie können hormonelle Disruptoren wie Bisphenol A enthalten. Weichen Sie besser auf Verpackungen aus Papier aus.
- Verwenden Sie jodiertes Speisesalz. Nur bei bestimmten Erkrankungen (z. B. Schilddrüsenerkrankungen) kann eine jodarme Ernährung erforderlich sein.
- Achten Sie beim Einkauf pflanzlicher Milchalternativen darauf, dass diese kalziumangereichert, aber ohne zugesetzten Zucker sind.

Gesunde Lebensmittelalternativen bei PCOS

Nur weil Sie PCOS haben, müssen Sie Ihre Ernährung nicht gleich vollkommen auf den Kopf stellen. Für einige Lebensmittel gibt es einfache, gesündere Alternativen. In der Tabelle unten finden Sie ein paar Anregungen, wie Sie einfach zu gesünderen Produkten switchen können!

Herkömmliche Lebensmittel	Gesunde Alternativen
• Butter, gehärtete Fette und Margarine (ungesunde Fette leisten einen Beitrag zur Insulinresistenz)	• hochwertige Öle (Rapsöl zum Kochen, Walnussöl, Leinöl für die kalte Küche) oder Nüsse sowie Nussmus (z. B. Mandelmus – denn Mandeln senken den freien Androgenindex)
• Getreide mit hohem GI: Weißbrot, helles Mehl, Instant-Flocken, herkömmlicher Reis, Couscous	• Alternativen mit niedrigem GI: Vollkorndinkel, Buchweizen, Quinoa, Roggen (Pumpernickel), Gerste, Wildreis
• Fruchtsäfte, herkömmliche Smoothies, Limonaden, Milchshakes, Joghurtdrinks sowie Zucker in Tee oder Kaffee	• Wasser, Mineralwasser – gerne auch mit Minze, Melisse, Zitrone oder Gurke • Ungesüßte Früchte-, Grün-, Schwarz- und Kräutertees
• Zucker, Agavendicksaft, Honig, Ahornsirup	• In kleinen Mengen können Sie zum Süßen Erythrit (0 kcal) oder Xylit (Birkenzucker; 240 kcal/100 g) verwenden. Beide Zuckeraustauschstoffe kommen in geringen Mengen in Obst oder Gemüse vor. Vorteile: geringerer Kaloriengehalt, Wirkung gegen Karies, geringe Belastung des Blutzucker- bzw. Insulinspiegels Nachteile: geringere Süßkraft als Zucker, bei entsprechenden Mengen abführende Wirkung (eher bei Xylit)

Die Rezepte

Reich an Ballaststoffen, wertvollen Fetten und »langsamen« Kohlenhydraten – so sieht eine ausgewogene Ernährung bei PCOS aus. Lassen Sie sich überraschen, was man aus gesunden Zutaten alles zaubern kann!

FRÜHSTÜCK

Frühstücken wie ein Kaiser, Mittagessen wie ein König und Abendessen wie ein Bettelmann? Da könnte tatsächlich etwas dran sein. In einer Studie wurde festgestellt, dass eine reichhaltige erste Mahlzeit des Tages und ein weniger üppiges Nachtmahl die Hormone von Frauen mit PCOS positiv beeinflussen. Deshalb finden Sie in dieser Rezeptkategorie zahlreiche Vorschläge, wie Sie gut gestärkt in den Tag starten können. Viele Frühstücksrezepte eignen sich für ausgiebiges Brunchen am Wochenende – Sie werden aber auch fündig, wenn Sie Ideen für leckere Muntermacher zum Mitnehmen ins Büro suchen. Die Erklärungen für die Abkürzungen der Nährwertangaben finden Sie gleich unter dem ersten Rezept (Seite 74).

« Shakshouka (S. 74)

Shakshouka

» Mit noch mehr Gemüse und Würze kann man kaum in den Tag starten: So geht orientalisch frühstücken!

Für 2 Personen
ca. 20 Min.

1 Zwiebel • 2 Knoblauchzehen • 1 EL Olivenöl • 1 rote Paprika • 2 Tomaten • 100 ml passierte Tomaten • Salz und Pfeffer • ¼ TL Kreuzkümmel • ¼ TL gemahlener Koriander • 2 Eier • etwas glatte Petersilie

- Zwiebel und Knoblauch fein hacken und in Olivenöl glasig anschwitzen.

- Paprika in dünne Streifen schneiden und dazugeben, kurz mitbraten.

- Stielansätze der Tomaten entfernen, die Tomaten klein schneiden, mit den passierten Tomaten in die Pfanne geben und zugedeckt köcheln lassen. Mit Salz, Pfeffer, Kreuzkümmel und Koriander würzen.

- In die Sauce zwei Mulden drücken und jeweils ein Ei hineingleiten lassen. Alles zugedeckt bei niedriger Stufe etwa 8 Minuten garen, bis die Eier gestockt sind.

- Das Shakshouka mit frisch gehackter Petersilie garnieren. Dazu passen z. B. Kichererbsenfladen (Seite 141).

Nährwerte pro Portion (ohne Kichererbsenfladen):
220 kcal (Kilokalorien) / 11 g E (Eiweiß) / 12 g F (Fett), davon 3 g gesättigte Fette / 15 g KH (Kohlenhydrate) / 6 g Ba (Ballaststoffe)

Avocado-Ei aus dem Ofen

» Servieren Sie Ihr Frühstücksei doch mal in einer Avocado! Die grüne Frucht liefert hochwertige Fette, Eier enthalten viel Cholin: Diese Substanz ist, wie auch Folat, wichtig für alle Frauen mit PCOS, die schwanger sind oder es werden wollen.

Für 2 Personen
ca. 25 Min.

1 Avocado • 2 kleine Eier • Salz, Pfeffer, nach Belieben etwas Chili • 2 Fleischtomaten • 2 dicke Scheiben Vollkornbrot (à 60 g)

- Den Backofen auf 200 °C vorheizen.

- Die Avocado der Länge nach halbieren und den Kern entfernen. Nun von der Aussparung noch einmal jeweils ca. 1 EL Avocadofleisch entnehmen, damit ein Ei hineinpasst.

- Die Avocadohälften mit der Schnittfläche nach oben in eine ofenfeste Form geben, ein Ei in jede Hälfte gleiten lassen (das Eigelb sollte so tief wie möglich liegen). Mit etwas Salz, Pfeffer und nach Belieben Chili würzen.

- Im Ofen 15 bis 20 Minuten garen, bis das Eiweiß geronnen ist.

- Die Avocado-Eier mit Tomatenscheiben und Vollkornbrot servieren.

Nährwerte pro Portion:
325 kcal / 13 g E / 18 g F, davon 4 g gesättigte Fette / 27 g KH / 8 g Ba

Marinierter Mini-Mozzarella

» Ein pikanter mediterraner Frühstückssnack: leicht und schnell vorzubereiten für den nächsten Morgen.

Für 2 Personen
ca. 5 Min. + Ziehzeit über Nacht

½ Packung (125 g) fettreduzierte Mini-Mozzarellakugeln • 1 TL Olivenöl • 1 TL Zitronensaft • Salz, Pfeffer • Thymian, Basilikum • 250 g Kirschtomaten • 2 dicke Scheiben Vollkornbrot (à 60 g)

- Die abgetropften Mini-Mozzarellakugeln mit Olivenöl, Zitronensaft, Salz, Pfeffer, Thymian und gehacktem Basilikum vermengen und über Nacht im Kühlschrank ziehen lassen.

- Die Kirschtomaten halbieren, mit dem Mozzarella vermischen und mit Vollkornbrot servieren.

Nährwerte pro Portion:
265 kcal / 16 g E / 10 g F, davon 5 g gesättigte Fette / 27 g KH / 6 g Ba

Frühstückswrap mit Räucherlachs

» Keine Zeit für ein gesundes Frühstück? Keine Ausreden mehr! Denn dieser Wrap ist schnell belegt und auch ideal für unterwegs.

Für 1 Person
ca. 10 Min.

⅓ Salatgurke • 50 g Quark • etwas klein geschnittener Dill • Salz, Pfeffer • 1 Vollkorn-Tortilla (Seite 140) • 50 g Räucherlachs • 1 kleine Handvoll Rucola

- Die Gurke reiben und ein wenig ausdrücken. Mit dem Quark vermengen und mit Dill, Salz und Pfeffer abschmecken.

- Die Vollkorn-Tortilla mit Lachs und Rucola belegen, den Gurkenquark darauf verteilen und die Tortilla zu einem Wrap einrollen.

Tipp Falls es mal schnell gehen soll, halten Sie am besten ein paar Vollkorn-Tortillas im Gefrierschrank bereit und tauen Sie diese dann kurz auf!

Nährwerte pro Portion:
320 kcal / 26 g E / 6 g F, davon 2 g gesättigte Fette / 39 g KH / 7 g Ba

Blini mit Avocado-Erbsen-Dip und Räucherlachs

» Healthy Fats für alle Pfannkuchenliebhaber: Räucherlachs und Avocado liefern essenzielle Fette für Ihren Tag!

Für 2 Personen
ca. 25 Min.

150 ml fettarme Milch • 1 Ei • 65 g (3 gestr. EL) Buchweizenmehl • 65 g Dinkelvollkornmehl • 1 TL Weinsteinbackpulver • Salz • 100 g Räucherlachs

Für den Dip:
½ Avocado (ca. 70 g) • 70 g Erbsen (TK) • Chili, Koriander, Salz • 1 Knoblauchzehe • etwas Limettensaft • 1 Tomate

- Für die Blini Milch und Ei verquirlen, Mehl und Backpulver unterrühren. Den Teig etwas salzen. In einer beschichteten Pfanne ohne Fett etwa 10 kleine Pfannkuchen beidseitig ausbacken.

- Für den Dip die Erbsen in etwas Wasser garen und zusammen mit der Avocado mit einer Gabel grob zerdrücken. Die Mischung mit Chili, Koriander, Salz, gepresstem Knoblauch und Limettensaft abschmecken. Die Tomate würfeln und untermengen.

- Nun die Blini mit dem Avocado-Erbsen-Dip und dem Räucherlachs anrichten.

Nährwerte pro Portion:
480 kcal / 24 g E / 17 g F, davon 4 g gesättigte Fette / 56 g KH / 8 g Ba

« Blini mit Avocado-Erbsen-Dip und Räucherlachs

Spinat-Frittata im Vollkorntoastbrötchen

» Für Eilige am Morgen: Dank des Tiefkühlspinats entfällt die sonst übliche Zeit fürs Gemüseschnippeln.

Für 2 Personen
ca. 15 Min. + mind. 3 Std. Auftauzeit

100 g Spinat (TK) • 2 Eier • Basilikum • Salz, Pfeffer • 2 Toastbrötchen aus Roggenvollkorn (Fertigprodukt) • 2 Tomaten

- Den Spinat über Nacht im Kühlschrank auftauen lassen. Abseihen und klein schneiden.

- Eier verquirlen, mit gehacktem Basilikum, Salz und Pfeffer vermischen und den Spinat dazugeben.

- Eine kleine, beschichtete Pfanne auf niedriger bis mittlerer Hitze erwärmen, die Masse ohne Fett in die Pfanne geben, etwas stocken lassen und dann wenden.

- Die Vollkornbrötchen toasten und mit jeweils einer halben Frittata und einer in Scheiben geschnittenen Tomate belegen.

Nährwerte pro Portion:
275 kcal / 14 g E / 9 g F, davon 3 g gesättigte Fette / 34 g KH / 7 g Ba

Feurige Frühstücksstulle mit Camembert

» Würziges zum Mitnehmen – nicht nur fürs Frühstück geeignet!

Für 1 Person
5 Min.

2 sehr dünne Scheiben grobkörniges Vollkornbrot (à 40 g) • 2 EL Ajvar (würzige Gemüsepaste aus Auberginen und Paprika) • 50 g fettarmer Camembert (13 % Fett absolut) • ½ Handvoll Rucola • ½ Paprika • ¼ Salatgurke

- Die Vollkornbrotscheiben mit Ajvar bestreichen.
- Camembert in dünne Spalten schneiden und auf eine Brothälfte legen. Etwas Rucola darauf verteilen und mit der zweiten Brothälfte abdecken.
- Zum »Dazuknabbern« Paprika und Salatgurke in Streifen schneiden.

Nährwerte pro Portion:
315 kcal / 19 g E / 9 g F, davon 4 g gesättigte Fette / 39 g KH / 10 g Ba

Bananen-Kürbis-Pancake

» Diese Pancakes aus Obst und Gemüse sind für Frauen mit PCOS ohne Insulinresistenz geeignet. Alle anderen probieren die Haferpfannkuchen (Seite 79) aus!

Für 1 Person
ca. 20 Min.

120 g Kürbis • 1 kleine (nicht überreife) Banane • 1 Ei • 3 gehäufte TL gemahlene Leinsamen • Vanillemark und Ceylon-Zimt • eine Handvoll Erdbeeren (150 g) • 1 gestrichener EL Mandelmus

- Den Kürbis würfeln und zugedeckt dämpfen, bis er weich ist. Die Banane und den Kürbis gut zerdrücken (oder mit der Kartoffelpresse pressen) und mit dem Ei verschlagen. 3 TL Leinsamen, etwas Vanillemark und Ceylon-Zimt hinzufügen.
- Eine kleine beschichtete Pfanne auf niedriger Stufe erwärmen. Häufchen in die Pfanne geben und etwa 5 Minuten anbacken lassen. Dann wenden und kurz fertig garen.
- Die Pancakes mit Erdbeeren und Mandelmus als Topping genießen.

Tipp Die Pancakes können auch in der Mikrowelle auf einem Teller zubereitet werden. Die Garzeit beträgt dann etwa 4 Minuten.

Nährwerte pro Portion inkl. Topping:
345 kcal / 15 g E / 16 g F, davon 3 g gesättigte Fette / 33 g KH / 11 g Ba

Haferpfannkuchen mit Haselnuss-Zimt-Mus

›› Haferflocken ersetzen hier einen Teil des Mehls, so werden Pfannkuchen mit niedrigerem GI gemacht.

Für 4 Personen
ca. 20 Min.

70 g Haferflocken • 120 g Dinkelvollkornmehl • ¼ l prickelndes Mineralwasser • 1 Ei • 1 TL Backpulver • 1 TL Rapsöl • 4 gestr. EL Haselnussmus • Ceylon-Zimt • etwas Wasser • Obst nach Belieben, z. B. 4 Pfirsiche

- Haferflocken zum Mehl hinzufügen. Mit Mineralwasser und Ei zu einem Pfannkuchenteig verarbeiten. Einige Minuten stehen lassen.

- Nun das fein versiebte Backpulver gleichmäßig unterrühren und aus der Masse mit 1 TL Rapsöl bei mittlerer Stufe in einer beschichteten Pfanne kleine Pfannkuchen beidseitig ausbacken.

- Das Haselnussmus mit Zimt und etwas Wasser zu einer zähflüssigen Konsistenz verrühren und über die Pfannkuchen verteilen.

- Die Pfirsiche in Spalten schneiden und dazu reichen.

Nährwerte pro Portion:
339 kcal / 10 g E / 14 g F, davon 2 g gesättigte Fette / 42 g KH / 7 g Ba

Süßkartoffel-Granola mit Nüssen

›› Dieses Granola kommt ohne raffinierte Fette, Öle und ohne Kristallzucker aus: Nüsse sorgen für hochwertige Fette und Crunch. Süßkartoffel und Zimt versüßen es auf natürliche Weise.

Für 15 Portionen
ca. 30 Min.

100 g Süßkartoffel • 45 g gemahlene Mandeln • 30 g Kürbiskerne • 30 g Sonnenblumenkerne • 40 g Walnüsse (gehackt) • 100 g Großblatt-Haferflocken • 1 TL Ceylon-Zimt

- Den Backofen auf 180 °C Ober- und Unterhitze vorheizen.

- Süßkartoffeln schälen, würfeln und zugedeckt dämpfen. Anschließend pürieren.

- Die restlichen Zutaten mit dem Püree gut mischen, sodass eine kompakte Masse entsteht.

- Aus der Masse dünn Streusel auf ein mit Backpapier belegtes Blech streuen. Die Streusel im Ofen 5 Minuten backen, anschließend mit einem Kochlöffel wenden und 4 bis 5 Minuten weiterbacken, bis das Granola leicht geröstet und knusprig ist.

Nährwerte pro Portion (serviert mit 150 g magerem Naturjoghurt und einem Apfel):
330 kcal / 11 g E / 14 g F, davon 3 g gesättigte Fette / 37 g KH / 6 g Ba

Heidelbeermüsli to go

» Müsli to go zum Abbeißen? Ja, das geht! Hier kommt das Müsli zur Abwechslung mal als Muffin daher. Tiefgekühlt und kurz aufgetaut ist es außerdem das ideale Frühstück, wenn die Zeit mal knapp ist.

Für 12 Müsli-Muffins
ca. 25 Min. + 25. Min. Backzeit

225 g Dinkelvollkornflocken • 90 g geriebene Erdmandeln • 30 g Walnüsse • 1 TL Ceylon-Zimt • Vanillemark oder -aroma • 50 ml Wasser • 300 g Apfelmark ohne Zuckerzusatz • 2 TL Weinsteinbackpulver • 2 Eier • 100 g frische Heidelbeeren

- Dinkelflocken, Erdmandeln, Walnüsse, Zimt, Vanille, Wasser, Apfelmark und Backpulver in einer Schüssel vermischen.

- Eier verquirlen und hinzufügen. Heidelbeeren unterrühren und die Masse 15 Minuten ruhen lassen.

- Den Teig in 12 Muffinförmchen füllen und bei 180 °C Ober-/Unterhitze ca. 20 bis 25 Minuten backen.

Tipp Als Frühstück für unterwegs eignen sich 2 bis 3 Muffins. Sie können das Heidelbeermüsli to go auch im Gefrierfach aufbewahren und bei Bedarf auftauen.

Nährwerte pro Muffin:
155 kcal / 4 g E / 6 g F, davon 1 g gesättigte Fette / 20 g KH / 3 g Ba

Buchweizengrütze mit Erdbeeren

» Geschroteter Buchweizen kann für geschmackvolle Abwechslung Ihres Frühstücksbreis sorgen – und obendrein auch für einen niedrigen glykämischen Index.

Für 1 Person
ca. 10 Min.

4 EL (45 g) Buchweizengrütze (geschroteter Buchweizen) • 2 EL (15 g) geriebene Haselnüsse • 180 ml fettarme Milch • etwas Zimt • 150 g Erdbeeren

- Die Buchweizengrütze und geriebenen Haselnüsse in der Milch unter Rühren so lange kochen, bis eine breiartige Konsistenz entstanden ist.

- Zimt hinzufügen und die Buchweizengrütze mit Erdbeeren servieren.

Nährwerte pro Portion:
380 kcal / 13 g E / 13 g F, davon 3 g gesättigte Fette / 51 g KH / 6 g Ba

Pumpkin Spice Overnight Oats

» Süß geht auch ohne Obst. Kürbis macht sich dank seiner Süße wunderbar in Overnight Oats. Die typische Pumpkin-Spice-Gewürzmischung rundet das Morgenmahl ab.

Für 1 Person
ca. 10 Min. + Ziehzeit über Nacht

80 g Kürbis • 55 g Großblatt-Haferflocken • 150 ml fettarme Milch • 1 TL Weizenkeime • 3 gehäufte TL gemahlene Leinsamen • Vanille, Zimt, Ingwer gemahlen, Muskat

- Den Kürbis fein reiben und mit 1 EL Wasser zugedeckt dünsten. Er sollte nicht zu weich werden.

- Den Kürbis und die restlichen Zutaten in eine Schale geben, vermischen und mit Vanille, Zimt, Ingwer und Muskat würzen.

- Die Mischung über Nacht ziehen lassen und morgens genießen.

Tipp Besonders gut schmecken die Pumpkin Spice Oats warm. Dazu einfach kurz wieder (in der Mikrowelle) aufwärmen.

Nährwerte pro Portion:
358 kcal / 16 g E / 11 g F, davon 3 g gesättigte Fette / 48 g KH / 9 g Ba

Schoko-Gewürz-Quinoa mit Orange

» Frühstücksbrei geht auch ohne Haferflocken: Eine weitere Alternative mit niedrigem GI heißt Quinoa!

Für 1 Person
ca. 20 Min.

35 g Quinoa • 150 ml fettarme Milch • 1 TL Kakaopulver • 1 TL gemahlene Haselnüsse • je 1 Messerspitze Kardamom, Ceylon-Zimt, gemahlener Ingwer • 1 Orange

- Quinoa in einem Sieb mit heißem Wasser abspülen.

- Die Körner mit der Milch und dem Kakaopulver in einem Topf köcheln lassen, bis sie die Flüssigkeit aufgenommen haben.

- Die Haselnüsse und die Gewürze einrühren und den Brei mit Orangenspalten servieren.

Nährwerte pro Portion:
322 kcal / 12 g E / 10 g F, davon 2 g gesättigte Fette / 44 g KH / 7 g Ba

Leinsamen-Mandel-Brei mit Birne

» Frühstücksbrei aus fein gemahlenem Getreide lässt Blutzucker und Insulin schnell ansteigen. Tauschen Sie das Getreide doch einfach mal gegen gemahlene Mandeln und Leinsamen aus! So liefert Ihr Brei gleich auch noch wertvolle Fette!

Für 1 Person
ca. 10 Min.

2 EL gemahlene Mandeln • 1 EL Leinsamen (gemahlen) • 125 ml fettarme Milch • 1 Birne • 50 g Heidelbeeren

- Mandeln und Leinsamen mit der Milch unter Rühren aufkochen, bis eine sämige Masse entsteht.

- Den Brei mit Birnenspalten und Heidelbeeren servieren.

Nährwerte pro Portion:
345 kcal / 12 g E / 19 g F, davon 3 g gesättigte Fette / 31 g KH / 14 g Ba

Omega-3-Müslimischung

» Müslimischungen aus dem Supermarkt sind meist zuckerreich und liefern ungünstige Fettsäuren dazu. Mischen Sie also lieber selbst! Eine Portion dieses Müslis deckt Ihren Tagesbedarf an pflanzlicher Omega-3-Alpha-Linolensäure.

Für 5 Personen
ca. 5 Min.

200 g Vollkornflockenmischung (Dinkel, Roggen, Gerste, Hafer) • 60 g gehackte Walnüsse • 1,5 gestr. EL Hanfsamen (geschält) • 3 EL Leinsamen (frisch gemahlen) • 2 EL Weizenkeime

- Alle Zutaten vermischen und das Müsli an einem kühlen, dunklen Ort lagern.

- Das Müsli innerhalb weniger Wochen verbrauchen.

Nährwerte pro Portion:
245 kcal / 8 g E / 12 g F, davon 1 g gesättigte Fette / 27 g KH / 6 g Ba

Overnight Oats mit Mohn und Himbeeren

» Kalziumreich geht auch mal ohne Milch: Mandeln, Mohn und Himbeeren sind auch gute Kalziumlieferanten.

Für 1 Person
ca. 5 Min. + Ziehzeit über Nacht

1 gestr. EL Mandelmus • 150 ml Wasser • 50 g kernige Haferflocken • 1 geh. EL Mohn • 120 g Himbeeren (frisch oder TK)

- Das Mandelmus mit dem Wasser zu Mandelmilch mixen.

- Die Haferflocken in eine Schale geben, mit der Mandelmilch übergießen und den Mohn unterrühren. Die Himbeeren darauf verteilen.

- Die Schale über Nacht im Kühlschrank aufbewahren und die Overnight Oats am nächsten Morgen genießen. Falls Sie tiefgekühlte Himbeeren verwenden, sind diese durch das Ziehenlassen im Kühlschrank bis zum nächsten Morgen aufgetaut.

Nährwerte pro Portion:
340 kcal / 11 g E / 14 g F, davon 2 g gesättigte Fette / 40 g KH / 13 g Ba

« Overnight Oats mit Mohn und Himbeeren

Gebackenes Apple Pie Oatmeal mit Zimtjoghurt

» Was gibt es Schöneres, als den Tag mit dem Duft von warmem Apfel und Zimt zu starten? Dieses Apple Pie Oatmeal erhält seine Süße aus den Äpfeln, Mandeln und Erdmandeln. Zusätzlichen Zucker werden Sie hier bestimmt nicht vermissen!

Für 2 Personen
ca. 20 Min. + 25 Min. Backzeit

100 g Großblatt-Haferflocken • 200 ml Wasser • 20 g gem. Erdmandeln • 1 gestr. EL Mandelmus • Vanillemark oder -aroma • 2 Äpfel • etwas Zitronensaft und -schale • Ceylon-Zimt • 100 g fettarmer Naturjoghurt

- Den Backofen auf 180 °C Ober- und Unterhitze vorheizen.

- Haferflocken mit 200 ml heißem Wasser übergießen und 10 Minuten quellen lassen. Die Erdmandeln, das Mandelmus und die Vanille dazugeben und alles durchrühren.

- Die Äpfel mit Schale in kleine Würfel schneiden und mit Zitronensaft, -schale und etwas Zimt vermischen.

- Die Apfelmasse in zwei kleine Auflaufformen geben, die Hafermasse darüber verteilen und das Oatmeal 20 bis 25 Minuten im Ofen backen.

- Den Joghurt mit Zimt würzen und zum Apple Pie Oatmeal servieren.

Nährwerte pro Portion:
350 kcal / 10 g E / 10 g F, davon 2 g gesättigte Fette / 54 g KH / 7 g Ba

KLEINE GERICHTE UND SNACKS

Schnelle, leichte Gerichte, leckere Dips und neue Ideen für Zwischenmahlzeiten – hier geht es um »Snacken«, aber auf die etwas andere Art. Mit diesen Rezepten wird Ihnen nicht die Absolution zum Dauer-Snacken erteilt, keine Sorge. Denn das wäre bei PCOS alles andere als sinnvoll. Aber wie wir wissen, läuft nicht immer alles nach Plan und das Leben kann manchmal auch ganz schön hektisch sein. Da muss es entweder schnell gehen oder man hat, noch besser, schon kleine Notfallhelfer gegen den Hunger parat. Und genau dafür sind diese Rezepte gedacht!

« Mini-Quinoa-Cups to go (S. 89)

Kichererbsen-Crunchies

» Hier kommt die kohlenhydratarme und ballaststoffreiche Alternative zu herkömmlichen Knabbereien. Ein Snack für alle Fälle!

Für 3 Portionen
ca. 5 Min. + 15 Min. Backzeit

1 Dose Kichererbsen (240 g Abtropfgewicht) • 1 TL Kreuzkümmel • ½ TL Koriander • 1 TL Paprikapulver (edelsüß) • etwas Chili • Salz • 1 EL Rapsöl

- Den Ofen auf 200 °C Ober- und Unterhitze vorheizen.

- Die Kichererbsen abgießen, abspülen, abtropfen lassen und mit einem Küchentuch gut trockentupfen.

- In einer Schüssel die Gewürze mit Salz und Öl verrühren und diese Gewürzpaste gleichmäßig mit den trockenen Kichererbsen vermengen.

- Die Kichererbsen auf ein mit Backpapier belegtes Blech verteilen und ca. 15 Minuten backen, bis krosse Crunchies entstanden sind. Die Crunchies halten sich bei Zimmertemperatur einige Tage in einem luftdichten Behälter.

Nährwerte pro Portion:
145 kcal / 7 g E / 6 g F, davon 1 g gesättigte Fette / 16 g KH / 5 g Ba

Kurkuma-Knabber-Kerne

» Der Heißhunger macht Ihnen bei PCOS immer einen Strich durch die Rechnung? Probieren Sie mal diesen magnesiumreichen Snack! Die Bitterstoffe im Kurkuma sollen helfen, den Appetit zu drosseln.

Für 2 Personen
ca. 10 Min.

3 gestr. EL Kürbiskerne • 2 gestr. EL Sonnenblumenkerne • 1 TL Rapsöl • ½ TL Currypulver • ½ TL Kurkuma • etwas Salz, schwarzer Pfeffer (frisch gemahlen)

- In einer beschichteten Pfanne die Kerne ohne Fett leicht anrösten.

- Rapsöl und Currypulver sowie Kurkuma, Salz und Pfeffer dazugeben. Die Kerne gleichmäßig mit den Gewürzen vermengen, aus der Pfanne nehmen und abkühlen lassen.

Nährwerte pro Person:
155 kcal / 6 g E / 13 g F, davon 2 g gesättigte Fette / 3 g KH / 2 g Ba

Mini-Quinoa-Cups to go

» In vielen pikanten Muffin-Rezepten sorgt Mehl leider für einen hohen glykämischen Index. Diese Cups kommen dank Quinoa ganz ohne Mehl aus!

Für 8 kleine Cups
20 Min. + 20 Min. Backzeit

100 g Quinoa • ½ kleine Zwiebel • 2 Knoblauchzehen • 1 TL Olivenöl • 150 g Spinat (TK) • 60 g getrocknete Tomaten • 2 Eier • Salz, Pfeffer

- Quinoa mit heißem Wasser abwaschen, um die Bitterstoffe auszuschwemmen. Die Körner in der doppelten Menge Wasser aufkochen, bis sie die Flüssigkeit vollständig aufgenommen haben.

- Inzwischen die Zwiebel und den Knoblauch abziehen, klein schneiden und in 1 TL Olivenöl glasig dünsten. Angetauten Spinat hinzufügen und erwärmen.

- Getrocknete Tomaten klein schneiden. Tomatenstücke, Quinoa und Eier mit dem Spinat vermengen und mit Salz und Pfeffer würzen.

- Die Masse in Muffinschälchen gießen und bei 175 °C Umluft 15 bis 20 Minuten backen.

Nährwerte pro Stück:
90 kcal / 4 g E / 4 g F, davon 1 g gesättigte Fette / 9 g KH / 2 g Ba

Falsche Leberpastete

» Leber enthält zwar sehr viel Vitamin A, aber leider oft auch Schadstoffe – was besonders zu Beginn einer Schwangerschaft kritisch sein kann. Hier die rein pflanzliche Alternative eines herzhaften Aufstrichs für alle PCOS-Frauen, die schwanger sind oder es werden wollen.

Für 5 Personen
15 Min.

1 Dose gekochte Kidneybohnen (255 g Abtropfgewicht) • 1 kleine Zwiebel • 1 Knoblauchzehe • 1 TL Rapsöl • 1 TL Hefeflocken • 1 TL Tomatenmark • Petersilie, Majoran • Salz, Pfeffer • Paprikapulver (edelsüß)

- Kidneybohnen abgießen, mit Wasser abspülen und in eine Schüssel geben. Zwiebel und Knoblauch abziehen.

- Die Zwiebel hacken und in Rapsöl anbraten. Zwiebelwürfel zu den Bohnen hinzufügen und den Knoblauch hineinpressen. Die Masse mit einem Pürierstab mixen und mit Hefeflocken, Tomatenmark und den Gewürzen abschmecken.

Das passt dazu: Die falsche Leberpaste eignet sich hervorragend als herzhafter Brotaufstrich.

Nährwerte pro Portion:
50 kcal / 3 g E / 1 g F, davon 0 g gesättigte Fette / 7 g KH / 3 g Ba

Bunte Gemüsechips

›› Diese Chips sind dank Topinambur unschlagbar ballaststoffreich – Ihr Insulinspiegel wird es Ihnen danken!

Für 2 Personen
20 Min. + 40 Min. Backzeit

400 g Topinambur • 1 Möhre • 2 Knollen Rote Bete • 2 EL Rapsöl • ½ TL Salz • ½ TL Thymian

- Den Backofen auf 130 °C Umluft vorheizen.

- Das geputzte bzw. geschälte Gemüse in sehr dünne Scheiben schneiden oder hobeln.

- Öl mit Salz und Thymian in einer Schüssel vermengen und die Rote-Bete-, Topinambur- und Möhrenscheiben jeweils separat damit vermischen.

- Das Gemüse gleichmäßig auf einem mit Backpapier belegten Blech verteilen und 40 bis 50 Minuten im Ofen trocknen lassen. Gelegentlich wenden und alle 5 Minuten die Tür des Ofens öffnen, damit die Feuchtigkeit aus dem Ofen entweichen kann.

Nährwerte pro Portion:
220 kcal / 7 g E / 11 g F, davon 1 g gesättigte Fette / 21 g KH / 30 g Ba

Weiße-Bohnen-»Hummus«

›› Nicht nur Kichererbsen, sondern auch alle anderen Hülsenfrüchte machen sich als ballaststoffreiche Aufstrich-Alternative gut bei PCOS!

Für 2 Personen
10 Min.

1 Dose weiße Bohnen (240 g Abtropfgewicht) • 3 EL Bohnenwasser aus der Dose • 1 EL Tahini (Sesampaste) • 2 Knoblauchzehen • 1 EL Zitronensaft • 1 TL Kreuzkümmel • ½ TL Paprikapulver • 1 TL Kurkuma • 1 TL Hefeflocken • Salz, Pfeffer

- Das Bohnenwasser in ein separates Gefäß abgießen und die Bohnen mit Wasser abspülen. Knoblauch abziehen.

- Die Bohnen mit 3 EL Bohnenwasser, Tahini, gepresstem Knoblauch, Zitronensaft und den Gewürzen zu einem cremigen Aufstrich pürieren. Bei Bedarf noch etwas Bohnenwasser hinzufügen.

Nährwerte pro Portion:
210 kcal / 15 g E / 4 g F, davon 0 g gesättigte Fette / 28 g KH / 10 g Ba

Bunte Gemüsechips mit Rote-Bete-Dip und Weiße-Bohnen-»Hummus« ››

Rote-Bete-Dip

» Ein ballaststoffreicher Hingucker zum Dippen.

Für 2 Personen
ca. 5 Min.

1 gekochte Rote Bete • 50 g gekochte weiße Bohnen • 1 Knoblauchzehe • 2 TL geriebener Meerrettich • 1 TL Leinsamen (gemahlen) • 1 TL Apfelessig

● Die Rote Bete zerkleinern und mit den weißen Bohnen pürieren. Den Knoblauch fein hacken, mit Meerrettich, Leinsamen und Apfelessig zu dem Püree geben und alles vermengen.

Nährwerte pro Portion:
60 kcal / 4 g E / 1 g F, davon 0 g gesättigte Fette / 9 g KH / 5 g Ba

Hanf-Möhren-Sticks

Die Omega-3-Lieferanten Rapsöl und Hanf fördern die Vitaminaufnahme aus der Möhre!

Für 2 Personen
ca. 10 Minuten + 20 Min. Backzeit

250 g Möhren • 1 EL Rapsöl • Salz • Pfeffer • 1 EL geschälte Hanfsamen

● Backofen auf 200 °C Ober- und Unterhitze vorheizen. Möhren in ca. 0,5 cm dicke Sticks schneiden. Rapsöl mit Salz, Pfeffer und Hanf verrühren und die Möhren darin wenden. Die Sticks auf einem Backpapier im Ofen ca. 20 Minuten backen.

Nährwerte pro Portion:
105 kcal / 3 g E / 8 g F, davon 1 g gesättigte Fette / 6 g KH / 5 g Ba

Schoko-Chia-Cup

» Chiasamen sorgen dank ihrer Omega-3-Fette für ein besseres Hormonprofil bei PCOS.

Für 1 Cup
ca. 5 Min. + mind. 2 Std. Ziehzeit

1 EL Chiasamen • 2 EL Hafermehl • 1 TL ungesüßtes Kakaopulver • etwas Ingwerpulver • 150 ml fettarme Milch • ½ Banane

● Alle Zutaten bis auf die Banane in einer Tasse verrühren, im Kühlschrank 2 Stunden ziehen lassen. Die Mischung kurz durchrühren und mit Bananenstücken servieren.

Nährwerte für einen Cup:
235 kcal / 11 g E / 9 g F, davon 3 g gesättigte Fette / 26 g KH / 7 g Ba

Grüner Samt-Smoothie

Weniger Zucker, grünes Gemüse und hochwertige Fette belasten Ihren Insulinspiegel geringer als die herkömmlichen Zuckerbomben aus dem Supermarkt.

Für 1 Person
ca. 5 Min.

100 g Postelein • 1 kleine Birne • etwas Zitronensaft und -schale • 6 EL Wasser • 1 TL Mandelmus • 1 TL Leinöl

● Alle Zutaten in einen hohen Behälter geben und mit dem Pürierstab mixen.

Nährwerte pro Portion:
205 kcal / 5 g E / 11 g F, davon 1 g gesättigte Fette / 24 g KH / 7 g Ba

Cookie-Dough-Häppchen

» Die Basis dieser Kekse besteht nicht wie gewöhnlich aus Butter, Mehl und Eiern, sondern – richtig gelesen – aus Kichererbsen. Erdnussbutter, Vanille und etwas Schokolade kommen aber auch noch zum Einsatz – für den besonderen Geschmack!

Für 8 Häppchen
ca. 20 Min.

130 g gekochte Kichererbsen (z. B. aus dem Glas) • 25 g fein gemixte Haferflocken (»Hafermehl«) • 3 TL (20 g) Erdnussmus oder Erdnussbutter (ungesüßt und ungesalzen) • Vanillemark oder -aroma • 1 EL Erythrit • 20 g Schokolade (85 % Kakaoanteil)

- Die Kichererbsen sehr gut mit Wasser abspülen. Mit einem Küchentuch trocknen und abreiben, damit sich die Haut löst.
- Die Kichererbsen mit einem Pürierstab fein mixen und mit Hafermehl, Erythrit, Erdnussmus und Vanillearoma vermengen.
- Die Schokolade in sehr kleine Stückchen hacken und unter die Masse mengen. Daraus ca. 8 gleich große Bällchen formen. Im Kühlschrank sind sie bis zu einer Woche lang haltbar.

Nährwerte pro Häppchen:
50 kcal / 2 g E / 3 g F, davon 1 g gesättigte Fette / 4 g KH / 1 g Ba

Schokolierte Haselnüsse

» Manchmal muss es einfach Schokolade sein! Dann aber am besten eine mit hohem Kakaoanteil und gepaart mit Nüssen, z. B. als Mäntelchen über frisch geröstete Haselnüsse.

Für 4 Portionen
ca. 20 Min. + 1 Std. Kühlzeit

50 g Haselnüsse • 50 g Schokolade (85 % Kakaoanteil)

- Haselnüsse mit Schale auf einem Backblech verteilen und bei 180 °C Ober- und Unterhitze etwa 5 Minuten rösten, bis sich ein angenehmer Geruch bemerkbar macht.
- Die gerösteten Haselnüsse in ein Tuch geben und aneinanderreiben, um sie von der Haut zu befreien.
- Die Schokolade über einem Wasserbad schmelzen. Nüsse mit der Schokolade vermengen, bis sie vollständig mit Schokolade überzogen sind.
- Die Nüsse etwas abtropfen lassen und möglichst einzeln auf ein mit Backpapier belegtes Backblech legen. Kalt stellen.

Variante: Wenn Sie möchten, können Sie die Schokolade auch mit Gewürzen wie Vanille, Pfeffer, Zimt, Chili, Lebkuchengewürz usw. aromatisieren.

Nährwerte pro Portion:
140 kcal / 3 g E / 13 g F, davon 4 g gesättigte Fette / 3 g KH / 1 g Ba

Schnelle Tomaten-Lauch-Quiche ohne Boden

» Fast Food kann auch gesund sein: Das Gemüse ist schnell geschnitten, die Quiche ratzfatz zubereitet. Den Rest erledigt der Ofen!

Für 12 Stück (4 Portionen)
⏲ 20 Min. + 20 Min. Backzeit

450 g Lauch • 250 g Kirschtomaten • 2 TL Rapsöl • 60 g Cashew-Mus • 1/8 l Wasser • 4 Eier • 60 g Hafermehl • 40 g Haferflocken • 1 EL Weizenkleie • 70 g fettarmer Hartkäse • Salz, Pfeffer • einige Basilikumblättchen

● Lauch in feine Ringe schneiden, Kirschtomaten halbieren. In einer beschichteten Pfanne die Lauchringe in 1 TL Rapsöl andünsten, die Kirschtomaten dazugeben.

● Das Cashew-Mus mit Wasser vermixen und mit Eiern, Hafermehl, Haferflocken und Weizenkleie sowie ⅓ des Käses mit dem Schneebesen verrühren. Mit Salz und Pfeffer würzen, Basilikum unterrühren.

● Eine Quicheform mit 1 TL Öl auspinseln. Den Lauch mit der Masse vermengen, die Mischung in die Form füllen. Die Tomaten mit der Schnittseite nach oben in die Masse drücken. Mit dem restlichen Käse bestreuen.

● Die Quiche bei 175 °C Umluft ca. 15 bis 20 Minuten backen.

Nährwerte für 3 Stück (1 Portion):
395 kcal / 23 g E / 22 g F, davon 7 g gesättigte Fette / 25 g KH / 6 g Ba

« Schnelle Tomaten-Lauch-Quiche ohne Boden

Mediterran gefüllter French Toast

» Der GI des Vollkorntoasts erhöht sich zwar durch das Einweichen in der Mandelmilch etwas. Trotzdem dürfen Sie sich diesen schnellen Snack nicht entgehen lassen!

Für 2 Personen
⏲ ca. 25 Min.

1 Ei • 100 ml Mandelmilch (zuckerfrei) • Salz, Pfeffer • etwas Basilikum und Oregano • 4 kleine, in Öl eingelegte getrocknete Tomaten (80 g) • 4 EL grüne Oliven (50 g) • 4 Scheiben Vollkorntoastbrot • 1 TL Olivenöl • 2 Tomaten • 1 Handvoll Rucola

● Ei mit Mandelmilch verquirlen und mit Salz, Pfeffer und Kräutern würzen.

● Die getrockneten Tomaten mit den Oliven fein hacken und beides auf einer Scheibe Toastbrot verteilen. Die zweite Toastbrotscheibe darauflegen.

● Die Ränder des Toasts in die Eiermilch tauchen, dann den Toast in einen Behälter geben und die Eiermilch darübergießen. Den gefüllten Toast wenden.

● Den Toast in einer Pfanne mit etwas Olivenöl bei kleiner Hitze 4 Minuten pro Seite braten. Mit den beiden anderen Toasts ebenso verfahren.

● Die Toasts mit Tomatenscheiben und Rucola servieren.

Nährwerte pro Portion:
325 kcal / 12 g E / 16 g F, davon 3 g gesättigte Fette / 33 g KH / 5 g Ba

Pfannkuchen-Wraps mit Spinat-Schafskäse-Creme

» Dieser proteinreiche Wrap macht sich auch zum Abendbrot gut!

Für 2 Personen:
ca. 25 Min. + 2 Std. Auftauzeit

3 gehäufte EL (60 g) Dinkelvollkornmehl • 4 EL Großblatt-Haferflocken • ½ TL Weinsteinbackpulver • 150 g fettarmer Naturjoghurt • 2 Eier • etwas frisches Basilikum • Salz • 1 rote Paprika • 2 gehäufte EL schwarze Oliven • ⅓ Gurke • 150 g Blattspinat (TK) • 75 g fettarmer Feta

- Vollkornmehl, Haferflocken, Backpulver, Joghurt, Eier und gehackte Basilikumblätter zu einem glatten Teig verrühren, etwas salzen und einige Minuten ziehen lassen.

- Paprika in dünne Streifen, Oliven in Scheiben schneiden, Gurke grob reiben. Spinat auftauen lassen, erwärmen und mit zerdrücktem Schafskäse vermengen.

- In einer beschichteten Pfanne den Teig beidseitig zu 2 Pfannkuchen ausbacken. Den Pfannkuchen ausgekühlt mit der Spinat-Schafskäse-Masse bestreichen, mit Paprikastreifen, geriebenen Gurken und Olivenscheiben belegen und zu einem Wrap einrollen.

Nährwerte für 1 Wrap:
445 kcal / 25 g E / 19 g F, davon 6 g gesättigte Fette / 43 g KH / 9 g Ba

Pumpernickel-Petit-Fours mit Makrelenaufstrich

» Ein PCOS-freundlicher Snack, der ratzfatz zubereitet ist. »Langsame« Kohlenhydrate aus Pumpernickel sind hier gepaart mit sättigendem Eiweiß und entzündungshemmenden Omega-3-Fetten aus der Makrele!

Für 2 Personen
10 Min.

1 Dose Makrelen im eigenen Saft (125 g Abtropfgewicht) • 1 Knoblauchzehe • 2 TL Dijon-Senf • Zitronensaft • Pfeffer • 2–3 gehäufte EL Petersilie • 3 Scheiben Pumpernickel (150 g) • 1 Knoblauchzehe • dazu Gemüse nach Belieben, z. B. 150 g Radieschen, 1 gekochte Rote Bete

- Die abgetropften Makrelen mit einer Gabel zerdrücken und eine gepresste Knoblauchzehe, Senf, Zitronensaft, Pfeffer und Petersilie unterrühren.

- 2 Scheiben Pumpernickel bis zum Rand mit dem Aufstrich bestreichen. Die bestrichenen Scheiben vierteln und jeweils 2 Teile, immer mit der bestrichenen Seite nach oben, aufeinandersetzen.

- Die letzte Scheibe Pumpernickel vierteln und damit die Petit Fours abschließen.

- Die Petit Fours mit frischem Gemüse, z. B. Radieschen und Roter Bete, genießen.

Nährwerte pro Portion:
315 kcal / 16 g E / 10 g F, davon 2 g gesättigte Fette / 38 g KH / 10 g Ba

Pinkes Quinoa-Sushi ohne Algen

» Herkömmlicher Sushi-Reis wirkt sich negativ auf Ihren Blutzucker- und Insulinspiegel aus. Hier punktet Quinoa dank seines niedrigen GI. Und auch für Algen, die sehr reich an Jod und Schwermetallen sein können, gibt es gesunden Ersatz aus der Region.

Für 2 Personen

35 Min. + 2 Std. Kühlzeit

- 50 g Quinoa
- Salz
- 50 g gekochte Rote Bete
- 1 TL Reisessig
- ½ TL Flohsamenschalen
- ½ Zucchini
- ¼ Salatgurke
- Sojasoße und Wasabi

- Quinoa heiß abspülen und in der doppelten bis 2,5-fachen Menge kochendem Wasser mit Salz ca. 10 bis 15 Minuten köcheln lassen, bis die Flüssigkeit vollständig aufgesogen wurde.

- Die Rote Bete fein reiben oder zerdrücken und mit dem Reisessig und den Flohsamenschalen zur Quinoa hinzufügen. Die Masse durchziehen und etwas antrocknen lassen.

- Die Zucchini mit dem Sparschäler in dünne, lange Streifen hobeln und in einer beschichteten Pfanne beidseitig kurz andünsten. Die nun weichen Zucchinistreifen längs überlappend auf ein Backpapier legen.

- Die Salatgurke in ca. 0,5 cm dicke Streifen schneiden.

- Die Quinoa-Masse auf den Zucchinistreifen bis kurz vor dem Rand verteilen. Die Gurkenstäbchen nach einem Drittel der Masse im rechten Winkel zu den Zucchinistreifen auflegen. Nun mit dem Backpapier die Zucchinistreifen mit der Quinoa-Masse und den Gurken zusammenrollen.

- Die Rolle ca. 2 Stunden kühl stellen und anschließend in ca. 8 Stück »Sushi« schneiden. Mit Sojasoße und Wasabi servieren.

Nährwerte pro Portion:

130 kcal / 6 g E / 2 g F, davon 0 g gesättigte Fette / 20 g KH / 4 g Ba

Kürbis-Tarte mit Zucchini und Lachs

» Herkömmliche Tartes strotzen oft nur so vor ungünstigen gehärteten Fetten, Butter, Schlagsahne und Co. Hier kommen stattdessen im Boden Kürbis und im Guss fettarmer Joghurt zum Einsatz. Die Fette, die Sie wirklich brauchen, liefert Ihnen der Lachs!

Für 4 Personen
ca. 45 Min. inkl. Backzeit

- 100 g Kürbis (z. B. Muskatkürbis oder Hokkaido)
- 75 g Dinkelvollkornmehl
- 75 g Weizenvollkornmehl + 1 EL zum Ausrollen
- 2 EL Olivenöl
- Salz
- etwas geriebene Muskatnuss
- 1 TL Rapsöl für die Form
- einige Hülsenfrüchte zum Blindbacken
- 1 große Zucchini (300 g)
- 140 g magerer Naturjoghurt
- 2 Eier
- 3 EL Hafermehl
- etwas Schnittlauch, Basilikum, Oregano
- Salz, Pfeffer
- 3 getrocknete Tomaten in Öl (abgetropft)
- 1 kleines Lachsfilet (100 g)

● Den (bei Bedarf geschälten) Kürbis in Würfel schneiden, weich dämpfen und pürieren. Mit den Mehlen, 2 EL Olivenöl, Salz und Muskatnuss zu einem Teig verkneten.

● Den Teig auf einer mit 1 EL Vollkornmehl bemehlten Oberfläche ausrollen und in eine mit 1 TL Rapsöl bestrichene runde Tarte-Form geben.

● Den Teig im vorgeheizten Backofen bei 150 °C Ober- und Unterhitze etwa 15 Minuten blind (mit darauf verteilten getrockneten Hülsenfrüchten) vorbacken.

● Inzwischen die Zucchini grob reiben und in einer Pfanne mit 1 TL Wasser andünsten, die ausgetretene Flüssigkeit verdampfen lassen bzw. so gut wie möglich ausdrücken.

● Joghurt mit Eiern, Hafermehl, Kräutern, Salz und Pfeffer verrühren. Nun die geriebene Zucchini und die klein geschnittenen, getrockneten Tomaten hinzufügen. Die Masse auf dem vorgebackenen Boden verteilen und den in 1 cm große Würfel geschnittenen Lachs daraufgeben.

● Die Tarte weitere 15 Minuten backen.

Nährwerte pro Portion:
320 kcal / 17 g E / 13 g F, davon 3 g gesättigte Fette / 34 g KH / 6 g Ba

Mix & Match

INFUSED WATER

Ein frischer Hauch von Früchten, Gewürzen und Kräutern im Wasser macht richtig Lust, viel zu trinken! Obst und Gemüse geben Aroma an das Wasser ab und behalten die Kalorien schön für sich.

SO GEHT'S:

Etwas Obst, eventuell Gemüse und Kräuter und Gewürze in eine Kanne mit 1 l Wasser geben. Die Zutaten möglichst klein bzw. dünn schneiden, damit so viel Aroma wie möglich in das Wasser übergeht. Das Getränk einige Stunden im Kühlschrank ziehen lassen. Der übrig gebliebene Inhalt kann auch ein zweites Mal mit Wasser aufgegossen werden, jedoch wird der Geschmack dann etwas weniger intensiv sein.

Obst

- 50 – 100 g Heidelbeeren, Himbeeren, Brombeeren, schwarze oder rote Johannisbeeren, Erdbeeren
- einige Zitronen-, Orangen- und/oder Limettenscheiben
- 100 – 200 g Wassermelone

Gemüse

- Gurke

Kräuter

- 1 Zweig Rosmarin
- einige Blätter Basilikum, Minze oder Zitronenmelisse
- einige Scheiben Ingwer

BEISPIELKREATIONEN

Zitrone-Heidelbeer
Himbeer-Ingwer-Minze
Limette-Gurke
Erdbeer-Basilikum
Ingwer-Gurke-Zitrone
Wassermelone-Rosmarin

SALATE UND SUPPEN

Frische, leichte Salate und Suppen sind die idealen Begleiter für jedes Mittag- oder Abendessen. Mit diesen Gerichten nutzen Sie noch mehr volle Pflanzen-Power in allen Farben des Regenbogens für sich! Gerade Salate punkten dank einiger Faktoren: Die Säure aus den Dressings, der niedrige GI bzw. GL von rohem Gemüse und die in ihm enthaltenen Ballaststoffe sind für Ihren Insulinhaushalt sehr nützlich. Mit dem »Mix & Match«-Tool (Seite 104) für Salate können Sie für noch mehr Vielfalt bei Beilagen- und Hauptspeisensalaten sorgen. Kalorienarme Salate und Suppen, die als Vorspeise geeignet sind, füllen den Magen vorab und helfen Ihnen dabei, satt zu werden. Einige Rezepte sind etwas gehaltvoller und eignen sich als Hauptspeisen oder überzeugen als »Soup & Salad«-Kombi im Büro.

« Grüner Linsensalat mit Kürbis und Feta (S. 114)

Mix & Match

SALATDRESSING

Für Salate braucht es immer eine aromatische »Hülle«. Damit diese nie langweilig wird, hier einige Anregungen für besondere Geschmackserlebnisse auf dem Salatteller.
Kombinieren Sie nach Lust und Laune folgende Zutaten für das Dressing:

1 EL EINES GESUNDEN FETTES

z. B. natives Olivenöl extra
Leinöl (bitte gekühlt aufbewahren)
kaltgepresstes Walnussöl oder andere Nussöle
Avocado, fein zerdrückt
Sesammus (Tahini)
Cashew-Mus, Erdnussmus

+

1–2 EL SÄURE

DIVERSE ESSIGE (ohne Zuckerzusatz):
z. B. Apfel-, Rotwein-, Weißwein-, Reisessig
ZITRONENSAFT, LIMETTENSAFT

+

NACH BEDARF UND BELIEBEN

Wasser
fettarmer Naturjoghurt

+

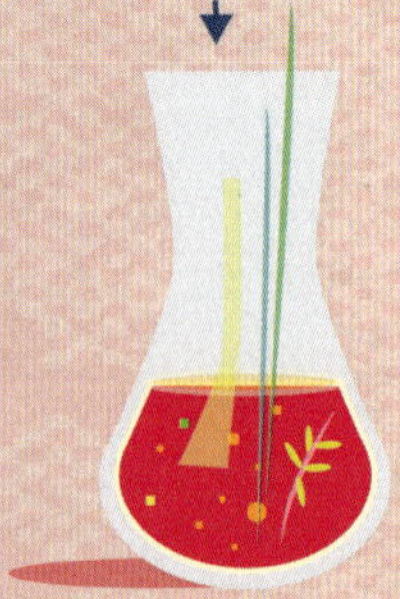

ZUTATEN FÜR GESCHMACK UND ABWECHSLUNG

SENF: z. B. Dijon-Senf
KRÄUTER: z. B. Petersilie, Basilikum, Koriander, Dill, Schnittlauch
KNOBLAUCH, INGWER, MEERRETTICH, SOJASOSSE (SPARSAM VERWENDEN)
GEWÜRZE: z. B. Chili, Paprikapulver, Koriander, Fenchel, Kreuzkümmel, Salz, Pfeffer
ZITRONEN-, ORANGEN- ODER LIMETTENSCHALE
OBST UND GEMÜSE INS DRESSING MIXEN: Tomaten, Zwiebel, Beeren

BEISPIELKREATIONEN:

WÜRZIGES DRESSING: 1/2 TL Paprikapulver, Kreuzkümmel, Koriander, 1,5 EL Rotweinessig, 2 TL Dijon-Senf, 1 EL Olivenöl, Salz und Pfeffer

ASIATISCHES DRESSING: 1 gepresste Knoblauchzehe, 2 TL Sojasoße, 1,5 EL Reisessig, 1 EL Sesamöl, Limettensaft

ZITRONEN-JOGHURT-DRESSING: 1 gepresste Knoblauchzehe, 1 EL Zitronensaft, 1 TL Dijonsenf, 2 EL Naturjoghurt, 1 EL Olivenöl, Salz und Pfeffer

BEILAGENSALATE

Auch bei der Zusammenstellung gesunder Salatzutaten sind Ihrer Kreativität keine Grenzen gesetzt. Kombinieren Sie für einen Side Salad:

»Mix & Match« Salatdressing

DIE BASIS
(so viel Sie möchten)
z. B. junger Spinat, Grünkohl, Romanasalat, Endiviensalat, Radicchio, Rucola, Postelein, klein geschnittene Rosenkohlblätter, Feldsalat, Chinakohl, Weißkohl, Rotkohl ...

ADD-ONS
(so viel Sie möchten)
z. B. Gurke, Cocktailtomaten, Zwiebelringe, Kürbis (z. B. Spalten aus dem Ofen), geröstete Rote Bete, Radieschen, Paprika, geriebene Möhren, geriebene gelbe Rüben, Knollensellerie, Stangensellerie, Kohlrabi, Blumenkohl, Pilze aller Art ...

NACH BELIEBEN 1 EL »CRUNCH«
Saaten und Kerne: Kürbiskerne, Sonnenblumenkerne, Sesam, Erdnüsse, Mandeln, Walnüsse

NACH BELIEBEN ETWAS SÜSSES
ein paar Spalten aus Apfel, Orange, Mandarine oder Birne bzw. ein paar Beeren sind im Rahmen der zwei täglichen Obstportionen in Ordnung!

BEISPIELKREATIONEN:

WÜRZIGER BEILAGENSALAT: im Ofen gerösteter Blumenkohl + würziges Dressing

ASIATISCHER BEILAGENSALAT: fein geschnittener Chinakohl, Pilze, Karotten, Erdnüsse, ein paar Orangenfilets + asiatisches Dressing

SOMMERSALAT: Romanasalat, Cocktailtomaten, Oliven, Gurken, rote Zwiebel

HERBSTLICHER SALAT: Babyspinat mit geröstetem Butternuss-Kürbis, Apfel und Walnüssen

HAUPTSPEISENSALATE

Auch bei den sättigenden Salaten können Sie nach Herzenslust kombinieren:

»Mix & Match« Salatdressing

»Mix & Match« Beilagensalat

PROTEIN-ADD-ON
z. B. gekochte Linsen (rote, gelbe, grüne Linsen, Belugalinsen), Kidneybohnen, Kichererbsen, weiße Bohnen, Käferbohnen, fettarmer Ziegenkäse, fettarmer Schafkäse (Feta), 1 hartgekochtes Ei, gedünstete Hähnchen- oder Putenbrust

KOHLENHYDRAT-ADD-ON
z. B. gekochte und abgekühlte Quinoa, Vollkornnudeln, Buchweizen, Vollkorngetreide, Süßkartoffel oder Kartoffel, Vollkorn-Croûtons, Vollkornbrot oder -brötchen, Pumpernickel

»Grab & go«-Lunch-Salat im Einmachglas

» Ihr flexibler Lunch-Salat: ein Einmachglas, praktisch zum Mitnehmen, mit allem, was Sie brauchen, um satt und doch leicht über den Nachmittag zu kommen!

Für 1 Person
ca. 20 Min.

- ½ EL Öl und 1 EL Essig Ihrer Wahl
- 1 EL Nüsse, Samen oder Kerne (z. B. Walnüsse, Sonnenblumenkerne, Kürbiskerne) Füllen Sie nun für einen ausgewogenen Salat Ihr Einmachglas prozentual (Zirka-Angaben) mit folgenden Zutaten:
- 15 Prozent gekochte Hülsenfrüchte (ca. 70 g): z. B. Kichererbsen, Kidneybohnen, weiße Bohnen
- 15 Prozent gegarte Stärkebeilage (ca. 40 g Rohgewicht): z. B. Gerste, Quinoa, Vollkornreis, kleine Vollkornteigwaren
- 10 Prozent Proteinquellen: z. B. 1 hartgekochtes Ei, Hähnchenbrust, fettarmer Mozzarella, fettarmer Feta, Cottage Cheese, fettarmer Hartkäse
- 40 Prozent frisches Gemüse: z. B. Rote Bete, Paprika, Rosenkohl (geviertelt), Brokkoli, Möhren, Sellerie, Fenchel, Radieschen, Sprossen, Tomate etc.
- 20 Prozent Salate Ihrer Wahl: z. B. Rucola, Feldsalat, junger Spinat, Grünkohl etc.

Außerdem:

- 1 hohes Einmachglas (720 ml)

● Die Proteinquellen, das Gemüse und den Salat klein schneiden.

● Alle Zutaten der Reihe nach in das Glas einschichten: Mit dem Dressing und den Nüssen beginnen, anschließend die übrigen Zutaten dazugeben. Für den Transport das Einmachglas am besten so aufrecht wie möglich transportieren, damit das Dressing am Boden des Glases bleibt.

● Zur Lunchzeit das Glas einfach schütteln, damit sich die Zutaten vermengen, und den Salat genießen.

Nährwerte für 1 Salatportion mit Olivenöl, Apfelessig, Sonnenblumenkernen, Radieschen, Paprika, Tomate, Quinoa, Kichererbsen, fettarmem Gouda und Spinat:

455 kcal / 23 g E / 19 g F, davon 5 g gesättigte Fette / 46 g KH / 11 g Ba

Rote Bete aus dem Ofen mit Grünkohl und Tahini-Dressing

» Dieser edle Vorspeisen- oder Beilagensalat liefert dank Roter Bete, Grünkohl und Tahini viel pflanzliches Eisen und Kalzium: wichtige Nährstoffe für Frauen!

Für 2 Personen
ca. 60 Min. inkl. Backzeit

2 Knollen rohe Rote Bete • 1 EL Apfelessig • 1 EL Olivenöl • Salz, Pfeffer • Schale von 1 unbehandelten Orange • ca. 300 g Grünkohl

Für das Tahini-Dressing:
100 g fettarmer Naturjoghurt • 2 TL Tahini (Sesampaste) • 1 TL Zitronensaft • Salz

- Rote Bete putzen. Strunk entfernen und die Knollen in Spalten schneiden.

- In einer Auflaufform Apfelessig, Olivenöl, Salz, Pfeffer und Orangenschalenstücke vermischen, die Rote-Bete-Spalten darin wenden und bei 175 °C Umluft etwa 50 Minuten im Ofen garen. Zwischendurch 1–2-mal die Spalten wenden.

- In der Zwischenzeit den Grünkohl waschen und die Blätter vom Stiel in mundgerechte Stücke reißen und weich kneten.

- Die Zutaten für das Dressing vermengen.

- Grünkohl mit dem Tahini-Dressing vermengen und mit der Roten Bete servieren.

Nährwerte pro Portion:
85 kcal / 4 g E / 5 g F, davon 1 g gesättigte Fette / 6 g KH / 4 g Ba

Knackiger Coleslaw mit Zitronendressing

» Der knackige Coleslaw ist nicht nur dank seiner Säure der ideale Begleiter für viele Gerichte. Statt durch Schmand, Sahne und Co. besticht sein Dressing durch leichten Joghurt und Cashew-Mus und enthält damit viel weniger gesättigte Fette.

Für 2 Personen
15 Min. + 2 Std. Ziehzeit

½ kleiner Kopf Weißkraut (ca. 400 g) • 3 EL Zitronensaft • 150 g fettarmer Naturjoghurt • 1 EL Cashew-Mus • 2 TL Apfelessig • Salz, Pfeffer • 2 TL Senf

- Für den Coleslaw das Weißkraut sehr fein mit einem Gemüsehobel hobeln.

- Die restlichen Zutaten für das Dressing in einer Salatschüssel aufschlagen (z. B. mit dem Mixstab) und das Weißkraut damit vermischen.

- Den Coleslaw mindestens 2 Stunden kalt stellen und durchziehen lassen.

Nährwerte pro Portion:
150 kcal / 7 g E / 5 g F, davon 2 g gesättigte Fette / 17 g KH / 6 g Ba

Feldsalat mit gebratenen Steinchampignons und Himbeerdressing

» Sie lieben fruchtig-süße Dressings, möchten aber auf zugesetzten Zucker verzichten? Dann probieren Sie doch dieses Himbeerdressing aus, gepaart mit mildem Feldsalat und Champignons – als Vorspeise oder Beilage zu Ihrer Mahlzeit!

Für 2 Personen
20 Min.

100 g braune Steinchampignons • 1 TL Olivenöl • Salz, Pfeffer • 75 g Feldsalat • 1 kleine Zwiebel • 1 TL Olivenöl • 75 g Himbeeren (frisch oder TK) • 1 EL Essig • Salz, Pfeffer

- Steinchampignons in Scheiben schneiden und in Olivenöl anbraten, salzen und pfeffern.

- Feldsalat waschen und putzen.

- Für das Himbeerdressing die Zwiebel kleinschneiden. Die Würfel in Olivenöl anbraten, bis sie leicht braun und süßlich werden. Zusammen mit den restlichen Zutaten (Himbeeren bei Bedarf antauen lassen) mit dem Pürierstab zu einem Dressing mixen.

- Den Feldsalat mit dem Dressing vermengen und die Champignons darauf verteilen.

Nährwerte pro Portion:
65 kcal / 3 g E / 4 g F, davon 1 g gesättigte Fette / 4 g KH / 5 g Ba

Schichtsalat aus Süßkartoffeln und Belugalinsen

» Dieser Salat ist eine Mahlzeit für sich. Er hält Sie dank »langsamer« Kohlenhydrate aus Linsen und Süßkartoffel gut satt.

Für 2 Personen
35 Min.

100 g Belugalinsen • 1 Süßkartoffel • 1 rote Zwiebel • 1 Knoblauchzehe • 1 TL Olivenöl • Paprikapulver, Kreuzkümmel • Salz • 1 kleine Avocado • 1 EL Zitronensaft • Pfeffer, Salz

- Belugalinsen waschen und in der dreifachen Menge Wasser ohne Salz kochen, bis die Flüssigkeit aufgesogen ist.

- Die geschälte Süßkartoffel in 1–2 cm große Würfel schneiden und kurz dämpfen.

- Die Zwiebel in Halbringe schneiden und mit gehacktem Knoblauch in 1 TL Olivenöl anschwitzen. Mit Paprikapulver, Kreuzkümmel und Salz abschmecken.

- Für das Dressing das Fruchtfleisch der Avocado zerdrücken und mit Zitronensaft, Pfeffer und Salz würzen.

- Die Belugalinsen mit kaltem Wasser gründlich abspülen, abtropfen lassen und etwas salzen.

- In einem Glas erst Belugalinsen, dann das Avocadodressing anrichten. Darauf die Süßkartoffel-Zwiebel-Mischung verteilen.

Nährwerte pro Portion:
455 kcal / 16 g E / 16 g F, davon 3 g gesättigte Fette / 61 g KH / 12 g Ba

Gerösteter Blumenkohl mit Kurkuma und Tahini

» Ein Vorspeisen- oder Beilagensalat der etwas anderen Art.

Für 4 Personen
20 Min. + 20 Min. Backzeit

1 EL Tahini • 1 EL Olivenöl • 2 EL Zitronensaft • Paprikapulver, Kurkuma, Chili, gemahlener schwarzer Pfeffer • 1–2 TL gehackter Ingwer • 2 Knoblauchzehen • 1 kleiner Blumenkohl • ½ Bund Petersilie • 2 Frühlingszwiebeln

- Tahini, Olivenöl, 1 EL Zitronensaft und Gewürze in einer Auflaufform zu einer Paste vermengen und gehackten Ingwer und gehackten Knoblauch hinzufügen.

- Die Paste mit dem in Röschen gebrochenen Blumenkohl vermengen. Lässt sich die Paste nicht gut verteilen, können Sie gerne etwas mehr Zitronensaft nach Geschmack oder Wasser hinzugeben.

- Die Form für 20 Minuten bei 200 °C in den Backofen geben. Anschließend etwas abkühlen lassen. Gehackte Petersilie, Frühlingszwiebelringe und 1 EL Zitronensaft über den Blumenkohl geben und servieren.

Nährwerte pro Portion:
85 kcal / 4 g E / 5 g F, davon 1 g gesättigte Fette / 6 g KH / 4 g Ba

« Gerösteter Blumenkohl mit Kurkuma und Tahini

Rucolasalat mit Oliven und Tomatendressing

» Ein Vorspeisensalat und Begleiter zu mediterranen Hauptspeisen Ihrer Wahl!

Für 2 Personen
10 Min.

1 EL Olivenöl • 1 EL Rotweinessig • etwas Salz, Pfeffer • 1 Fleischtomate • 2 Handvoll Rucola • 3 EL (30 g) grüne entsteinte Oliven • 10 Kirschtomaten (200 g) • frisches Basilikum

- Für das Tomatendressing Olivenöl, Essig, Salz, Pfeffer und eine geviertelte Tomate ohne Strunk in einen Mixbehälter geben und zu einem Dressing pürieren.

- Das Dressing über den gewaschenen Rucola, die Oliven und die halbierten Kirschtomaten geben. Den Salat mit Basilikumblättern bestreuen.

Nährwerte pro Portion:
95 kcal / 2 g E / 7 g F, davon 1 g gesättigte Fette / 4 g KH / 3 g Ba

Healthy Caesar Salad

›› Der klassisch amerikanische Vorspeisen- und Beilagensalat hier etwas schlanker!

Für 4 Personen
⏲ 20 Min.

- 45 g Cashew-Kerne
- 45 ml Wasser
- 200 g Römersalat
- ca. 10 Cocktailtomaten
- 4 Scheiben Vollkorntoastbrot (100 g)
- 1 EL Zitronensaft
- ½ TL Dijonsenf
- 1 Knoblauchzehe
- 2 TL Kapern
- Salz, Pfeffer
- 2 EL gehobelter Parmesan

● Für das Dressing die Cashews mit dem zum Kochen gebrachten Wasser übergießen, zudecken und einweichen lassen.

● Inzwischen den Römersalat und die Cocktailtomaten waschen. Römersalat in kurze, 3 cm breite Streifen schneiden, Cocktailtomaten halbieren.

● Vollkorntoastbrot würfeln und in einer beschichteten Pfanne unter gelegentlichem Wenden leicht rösten.

● Nun Zitronensaft, Senf, abgezogenen Knoblauch, Kapern, Salz und Pfeffer zu den Cashews hinzufügen und alles mit dem Stabmixer pürieren.

● Dressing, Salat, Tomaten und einen Teil der Vollkorn-Croûtons vermengen. Die restlichen Toastwürfel auf dem Salat verteilen. Mit etwas Parmesan garnieren.

Nährwerte pro Portion:
170 kcal / 7 g E / 7 g F, davon 2 g gesättigte Fette / 19 g KH / 4 g Ba

Grüner Linsensalat mit Kürbis und Feta

» Hülsenfrüchte liefern »langsame« Kohlenhydrate und Protein im Doppelpack. Essig und gesunde Fette verzögern den Blutzucker- und Insulinanstieg zusätzlich! Alles in allem ein Salat, der sogar als Hauptspeise taugt!

Für 2 Personen
⏲ 35 Min.

90 g grüne Linsen • 400 g Kürbis (z. B. Hokkaido, Muskat) • Paprikapulver • Kreuzkümmel • 1 Zwiebel • 1 EL + 1 TL Olivenöl • 200 g frischer Spinat • 1 EL Apfelessig • Salz, Pfeffer • 70 g Feta • ca. 10 kleine Walnusshälften (25 g) • 2 Scheiben Vollkornbrot (100 g)

- Die Linsen in Wasser garen.

- Kürbis in kleine Würfel schneiden und mit Paprikapulver und Kreuzkümmel bestreuen.

- Zwiebel würfeln und in einer Pfanne in 1 TL Olivenöl glasig dünsten, Kürbiswürfel hinzufügen und weiterbraten. Spinat dazugeben und etwas zusammenfallen lassen.

- Für das Dressing den Apfelessig mit 1 EL Olivenöl, Salz und Pfeffer vermengen und unter die gekochten Linsen mischen. Das Gemüse unterrühren.

- Den Feta zerbröckeln und mit den Walnüssen über dem Salat verteilen. Dazu Vollkornbrot reichen.

Nährwerte pro Portion:
530 kcal / 26 g E / 24 g F, davon 10 g gesättigte Fette / 51 g KH / 15 g Ba

One Pot Veggie Chili mit Quinoa

» Ein wärmender Eintopf, der sich auch als schnelle Hauptspeise eignet.

Für 4 Personen
⏲ 30 Min.

1 rote Paprika • 1 Zwiebel • 2 Knoblauchzehen • 1 EL Olivenöl • 150 g Quinoa • 1 Dose Kidneybohnen (255 g Abtropfgewicht) • 1 kleine Dose Mais (140 g Abtropfgewicht) • 1 Dose geschälte Tomaten (400 g) • 250 ml Gemüsebrühe • Salz, Chili, Paprikapulver, 1 Msp. Kakaopulver, Kreuzkümmel

- Paprika quer halbieren, entkernen und in Streifen schneiden, Zwiebel würfeln, Knoblauch fein hacken und alles mit Öl in einen Topf geben.

- Quinoa in einem feinmaschigen Sieb mit heißem Wasser abspülen. Bohnen und Mais ebenso mit Wasser abspülen.

- Die geschälten Tomaten, Quinoa, Bohnen, Mais und Gemüsebrühe zu der Paprikamischung geben und alles ca. 20 Minuten garen. Mit Salz, Chili, Paprikapulver, etwas Kakaopulver und Kreuzkümmel abschmecken.

Tipp Dieses Rezept eignet sich auch als eigenständige Mahlzeit oder als sättigende »Soup & Salad«-Kombination.

Nährwerte pro Portion:
290 kcal / 12 g E / 6 g F, davon 1 g gesättigte Fette / 45 g KH / 11 g Ba

Indische Linsensuppe

» Hülsenfrüchte sind für Ihre PCOS-Ernährung so wertvoll. Bringen Sie diese doch auch einmal als Suppe auf den Tisch!

Für 2 Personen
30 Min.

1 kleine Zwiebel • 1 Knoblauchzehe • ca. 1 cm Ingwerknolle • 1 kleine Möhre • 1 TL Rapsöl • etwas Muskatnuss • 1 TL gelbes Currypulver • 400 ml Gemüsebrühe • 75 g gelbe Linsen • 400 ml Gemüsebrühe • Salz, Pfeffer

- Zwiebel, Knoblauch und Ingwer schälen und hacken. Möhre in sehr feine Würfel schneiden.

- Die Zwiebelwürfel in Rapsöl glasig dünsten, dann Knoblauch, Möhre, Muskat und Currypulver dazugeben und alles unter Rühren kurz anrösten.

- Die Mischung mit der Gemüsebrühe aufgießen, Linsen und Ingwer hinzufügen und alles ca. 20 Minuten kochen, bis die Linsen gar sind. Die Suppe mit dem Mixstab nur leicht (nicht vollständig) pürieren, mit Salz und Pfeffer abschmecken.

Nährwerte pro Portion:
180 kcal / 11 g E / 3 g F, davon 0 g gesättigte Fettsäuren / 26 g KH / 7 g Ba

Rosenkohlsuppe mit Kokosmilch

» Rosenkohl ist nicht Ihr Ding? Vielleicht schließen Sie mit ihm dank dieser Vorspeisensuppe doch noch Freundschaft!

Für 2 Personen
25 Min.

250 g Rosenkohl • ½ Zwiebel • ca. 1 cm Ingwerknolle • 1 TL Rapsöl • 1 TL Kurkuma • Salz, Pfeffer • 175 ml Gemüsebrühe • 100 ml Kokosmilch • etwas Zitronensaft

- Den Rosenkohl putzen, bei Bedarf äußere Blätter entfernen, jeweils den Strunk abschneiden und die Röschen halbieren. Die Zwiebel würfeln. Ingwer schälen und fein reiben.

- Zwiebel in Rapsöl glasig dünsten. Ingwer, Kurkuma und Rosenkohl dazugeben. Kurz anschwitzen, dann salzen, pfeffern und mit der Gemüsebrühe aufgießen. Das Gemüse bei geschlossenem Deckel etwa 5 bis 10 Minuten bissfest garen. Ein Drittel des Rosenkohls entnehmen und beiseitestellen.

- Die Kokosmilch zur Suppe hinzugeben, alles pürieren und mit Zitronensaft abschmecken.

- Die Suppe mit den restlichen Rosenkohlhälften anrichten.

Nährwerte pro Portion:
195 kcal / 8 g E / 14 g F, davon 10 g gesättigte Fette / 9 g KH / 6 g Ba

Minestrone

» Diesen mediterranen Klassiker können Sie auch einfach mit einem Salat kombinieren – so haben Sie eine sättigende »Soup & Salad«-Kombi für Ihr Mittagessen!

Für 5 Personen
20 Min.

- 1 Zwiebel
- 2 kleine Möhren
- 200 g Stangensellerie
- 300 g Tomaten
- 1 EL Olivenöl
- 1 Knoblauchzehe
- 100 g Tomatenmark
- 1 EL Rotweinessig
- 600–700 ml Gemüsebrühe
- 90 g Vollkorn-Suppennudeln (alternativ: Vollkornspaghetti klein brechen)
- 250 g gekochte weiße Bohnen (z. B. aus dem Glas)
- etwas frisches Basilikum
- Salz
- 50 g gehobelter Parmesan

● Die Zwiebel halbieren und in feine Ringe schneiden, die Möhren schälen und in ca. 0,5 cm große Würfel schneiden. Den Stangensellerie in ca. 0,5 cm breite Scheiben schneiden. Die Tomaten vom Stielansatz befreien und grob würfeln.

● Einen Topf warm werden lassen, Olivenöl hineingeben.

● Zwiebel, Sellerie und Möhren in den Topf geben und das Gemüse ein wenig anschwitzen lassen. Knoblauch abziehen, pressen und hinzufügen.

● Tomatenmark unterrühren und kurz mitrösten lassen.

● Das Gemüse mit 1 EL Rotweinessig ablöschen. Die Tomatenwürfel und die Gemüsebrühe hinzufügen.

● Die Suppe bei geschlossenem Deckel ca. 4 Minuten köcheln lassen, anschließend die Vollkorn-Suppennudeln hinzufügen und alles weitere 4 Minuten zugedeckt kochen lassen. (Falls gebrochene Vollkornspaghetti verwendet werden, diese zusammen mit dem Gemüse 8 Minuten zugedeckt köcheln lassen.)

● Zum Schluss die weißen Bohnen und die gehackten Basilikumblätter dazugeben und die Suppe mit Salz abschmecken.

● Die Minestrone mit gehobeltem Parmesan servieren und gleich genießen (ansonsten werden die Nudeln zu weich).

Nährwerte pro Portion:
255 kcal / 13 g E / 10 g F, davon 3 g gesättigte Fette / 27 g KH / 10 g Ba

Weiße Spargelsuppe

» Kalorienärmer kann man eine Mahlzeit kaum beginnen. Schade nur, dass es diese Preload-Suppe nur zur Spargelzeit gibt!

Für 2 Personen
30 Min.

500 g weißer Spargel • 1 kleine Zwiebel • 1 EL Olivenöl • 1 kleine Zwiebel • 500 ml Gemüsebrühe • weißer Pfeffer, Muskatnuss, Salz

- Den Spargel schälen und in Stücke schneiden, die Spargelspitzen beiseitelegen. Zwiebel fein hacken.

- Die Zwiebel in Olivenöl etwas anschwitzen, Spargelstücke (ohne die Spitzen) dazugeben, mit Gemüsebrühe aufgießen und ca. 15 Minuten weichkochen. Anschließend die Suppe pürieren, Spargelköpfe hinzufügen und etwa weitere 10 Minuten auf niedriger Stufe köcheln lassen.

- Die Suppe mit Pfeffer, etwas Muskatnuss und Salz abschmecken.

Nährwerte pro Portion:
105 kcal / 6 g E / 5 g F, davon 1 g gesättigte Fette / 8 g KH / 4 g Ba

Lauchcremesuppe

» Püriertes Gemüse sorgt in Suppen für Sämigkeit und Bindung ohne Mehl, Stärke und Co. Am besten ist es allerdings, das Gemüse nicht vollständig zu pürieren und noch etwas Biss in der Suppe zu belassen. Wie zum Beispiel bei dieser Lauchsuppe.

Für 2 Personen
15 Min.

250 g Lauch • 1 TL Rapsöl • 400 ml Gemüsebrühe • Salz, Pfeffer • Muskat • 50 ml saure Sahne

- Lauch waschen, putzen, in Ringe schneiden und in einem Topf in 1 TL Rapsöl andünsten.

- Den Lauch mit Gemüsebrühe aufgießen und mit Salz, Pfeffer und Muskat würzen.

- Die Suppe ca. 10 Minuten köcheln lassen, vom Herd nehmen. Etwa die Hälfte des Lauchs entnehmen und beiseitelegen. Die Suppe pürieren und die saure Sahne unterrühren.

- Nun den restlichen Lauch wieder in den Topf geben und die Suppe servieren.

Nährwerte pro Portion:
85 kcal / 3 g E / 7 g F, davon 3 g gesättigte Fette / 3 g KH / 2 g Ba

Paprikasuppe mit weißen Bohnen

» Haben Sie bisher Ihre Suppen mit Mehl, Stärke oder Fett gebunden? Probieren Sie doch einmal aus, wie sich stattdessen gemixte weiße Bohnen machen: hier in einer einfachen Paprikacremesuppe!

Für 2 Personen
20 Min.

1 Zwiebel • 1 Knoblauchzehe • 1 rote Paprika • 1 gelbe Paprika • 1 TL Rapsöl • 250 ml Gemüsebrühe • 50 g gekochte weiße Bohnen (aus der Konserve) • Chili, Pfeffer • etwas Limettensaft • 2 EL gehackte glatte Petersilie

- Zwiebel und Knoblauch abziehen und hacken, Paprika entkernen und in grobe Würfel schneiden.

- Zwiebel und Paprika in 1 TL Rapsöl anbraten, dann Knoblauch dazugeben und mit Gemüsebrühe aufgießen. Das Gemüse zugedeckt weich garen.

- Die weißen Bohnen hinzufügen und die Suppe mit einem Pürierstab fein mixen. Mit Chili, Pfeffer und Limettensaft abschmecken.

- Die Suppe mit gehackter Petersilie servieren.

Nährwerte pro Portion:
135 kcal / 6 g E / 4 g F, davon 0 g gesättigte Fette / 19 g KH / 9 g Ba

Wärmende Wurzelgemüsesuppe

» Eine Suppe, die nicht nur in der kalten Jahreszeit eine gute Figur macht: ideal als Vorspeise.

Für 2 Personen
20 Min.

1 mittelgroße Möhre • 1 kleine Petersilienwurzel • 1/4 Stück einer kleinen Sellerieknolle • 1 TL Rapsöl • 1/4 TL Kurkuma • 300 ml Gemüsebrühe • 1 Lorbeerblatt • 1 Messerspitze gemahlener Piment, 1/4 TL Koriander (gemahlen), Pfeffer

- Möhre und Petersilienwurzel schälen und in Scheiben schneiden, Sellerie schälen und in ca. fingerdicke Würfel schneiden.

- Das Gemüse in Rapsöl etwas anbraten, Kurkuma dazugeben, alles durchrühren und anschließend mit Gemüsebrühe aufgießen.

- Das Lorbeerblatt und die restlichen Gewürze hinzufügen und die Suppe etwa 10 Minuten köcheln lassen, bis das Gemüse gar ist.

Nährwerte pro Portion:
90 kcal / 5 g E / 3 g F, davon 0 g gesättigte Fette / 10 g KH / 8 g Ba

ZUM SATTWERDEN

Ganz klar, ordentliche Hauptgerichte müssen her – um richtig satt zu werden! Wichtig bei diesen Mahlzeiten ist, dass die drei Hauptnährstoffe Kohlenhydrate, Eiweiß und Fett in einem ausgewogenen Verhältnis zueinander stehen. Bei den Rezepten, die Sie hier finden, werden nicht nur die Herzen der Vegetarier höher schlagen, auch Fischliebhaber kommen auf ihre Kosten. Und auch Fleisch fehlt in diesem Kochbuch nicht. Sie werden allerdings sehen, dass die Mengen an Fleisch deutlich geringer sind, als Sie es vielleicht gewohnt sind. Sorgen um Ihre Eiweißversorgung brauchen Sie sich deswegen aber keine zu machen! In diesem Sinne, guten Appetit!

« Kartoffel-Kohlrabi-Tortilla mit Paprika-Salsa (S. 129)

Kidney-Burger mit Pastinaken-Pommes

» Aus Kidneybohnen lassen sich wunderbare vegetarische Burger herstellen. Die Pastinaken-Pommes dazu sind die Krönung.

Für 4 Personen
45 Min.

- 1 Dose Kidneybohnen (ca. 350 g Abtropfgewicht)
- 1 große Zwiebel
- 2 Knoblauchzehen
- 1 TL Rapsöl
- 1–2 EL Apfelessig
- 50 g Walnüsse
- 50 g eingelegte getrocknete Tomaten
- 400 g Pastinaken
- 1 EL Rapsöl
- Salz, Kreuzkümmel, Paprikapulver (edelsüß)
- 75 g fettarmer Feta
- Pfeffer, Chili nach Geschmack
- 1 Fleischtomate
- 4 kleine Vollkorn-Burgerbrötchen à 50 g

● Backofen auf 175 °C vorheizen.

● Kidneybohnen in einem Sieb abspülen und etwas abtropfen lassen. Die Bohnen auf einem mit Backpapier belegten Blech verteilen und ca. 15 Minuten im Backofen trocknen lassen.

● In der Zwischenzeit die Zwiebel vierteln. Ein Viertel der Zwiebel in Würfel schneiden, den Rest in feine Viertelringe. Knoblauch abziehen und hacken. Zwiebelwürfel und Knoblauch in einer Pfanne mit 1 TL Rapsöl glasig anschwitzen, beiseitestellen.

● Im Bratrückstand der Pfanne die Zwiebelringe goldbraun braten, mit Apfelessig ablöschen und verdampfen lassen, beiseitestellen. Walnüsse möglichst fein hacken. Getrocknete Tomaten klein würfeln.

● Pastinaken schälen und in ca. 0,5 cm dicke Stäbchen schneiden. Auf einem mit Backpapier belegten Blech 1 EL Rapsöl, Salz, Kreuzkümmel und Paprikapulver vermischen, die Pastinaken-Pommes dazugeben und darin wenden (z. B. durch Rütteln des Blechs).

● Abgekühlte Bohnen und Feta mit dem Pürierstab zerkleinern, bis eine grobe Paste entsteht. Zwiebelwürfel, getrocknete Tomaten und Walnüsse hinzufügen und alles vermischen. Nach Bedarf mit Pfeffer und Chili würzen.

● Mit nassen Händen oder mit einem Burger-Former 4 Burger formen.

● Bei 175 °C Umluft die Burger und die Pastinaken im Ofen 12 bis 15 Minuten backen (zwischendurch wenden).

● Die Burgerbrötchen halbieren, mit jeweils einem Burger, Tomatenscheiben und Zwiebelringen servieren und die Pastinaken-Pommes dazu reichen.

Nährwerte pro Portion:
385 kcal / 16 g E / 17 g F, davon 3 g gesättigte Fette / 40 g KH / 14 g Ba

Gefüllte Zucchini-Crêpes mit Ratatouille

›› In diesem Crêpe-Teig kommen kalorienarme Zucchini zum Einsatz, wodurch weniger Mehl erforderlich ist: gut für den glykämischen Index und Ihre Figur!

Für 2 Personen
30 Min.

- 400 g Zucchini
- 2 Eier
- 100 g Weizenvollkornmehl
- Muskatnuss
- ¼ TL Salz
- etwas Wasser (je nach Bedarf bis zu 50 ml)
- ½ Aubergine
- ½ rote Paprikaschote
- 1 kleine Zwiebel
- 1 Knoblauchzehe
- 1 EL Olivenöl
- 1 EL Rotweinessig
- 50 g Tomatenmark
- Salz, Pfeffer
- Oregano, Thymian
- 1 TL Rapsöl

● Zucchini fein reiben und kräftig ausdrücken (Zucchinisaft auffangen).

● Eier und Vollkornmehl verrühren, geriebene Zucchini hinzufügen und mit geriebener Muskatnuss und Salz würzen. Bei Bedarf etwas Wasser oder den aufgefangenen Zucchinisaft zum Teig hinzufügen (ca. 50 ml).

● Aubergine in kleine Würfel schneiden. Paprika grob würfeln, Zwiebel und Knoblauch abziehen und hacken. Alles zusammen in Olivenöl anbraten. Mit Rotweinessig ablöschen. Tomatenmark unterrühren. So viel Wasser hinzufügen, dass eine sämige Soße entsteht. Die Ratatouille zugedeckt köcheln lassen und mit den Gewürzen und Kräutern abschmecken.

● Eine beschichtete Pfanne mit wenig Rapsöl bepinseln. Etwas Teig hineingeben, dünn ausstreichen, auf mittlerer Temperaturstufe leicht anbacken lassen und den Crêpe wenden. Auf diese Weise 4 Crêpes ausbacken.

● Die Ratatouille auf den Crêpes verteilen und diese einrollen. Pro Portion 2 Crêpes servieren.

Nährwerte pro Portion:
395 kcal / 19 g E / 16 g F, davon 3 g gesättigte Fette / 43 g KH / 12 g Ba

Orientalische Buddha Bowl

» Buddha Bowls stecken voller gesunder Köstlichkeiten. Hier eine Idee, wie Sie aus einem Glas Kichererbsen (265 g Abtropfgewicht) möglichst viel Variation für Ihre Bowl herausholen können!

Für 2 Bowls
50 Min. inkl. Backzeit

Für das Quinoa-Tabbouleh:
- 80 g Quinoa
- 2 TL Zitronensaft
- 1 Knoblauchzehe
- 1 EL Olivenöl
- ⅓ Gurke
- 1 große Tomate
- 3 EL Petersilie, gehackt
- 3 EL frische Minze, gehackt

Für die Falafel:
- ca. 130 g gekochte Kichererbsen
- 25 g Hafermehl
- Salz, Pfeffer
- ½ TL Kurkuma, ¼ TL Kreuzkümmel, ¼ TL Paprikapulver
- 1 EL Rapsöl
- 1 Knoblauchzehe

Kichererbsen-Crunchies:
- 50 g gekochte Kichererbsen
- Paprikapulver, Salz
- 1 TL Rapsöl

Für den Rote-Bete-Hummus:
- 80 g gekochte Kichererbsen
- 1 kleine gekochte Rote Bete
- 1 TL Olivenöl
- etwas Zitronensaft
- Salz, Pfeffer, Kreuzkümmel

Für den Grünkohlsalat:
- 100 g Grünkohlblätter
- 1 TL Olivenöl
- Zitronensaft, Salz

Außerdem:
- ¼ Granatapfel und 2 EL fettarmer Naturjoghurt zur Dekoration

● Für das Tabbouleh Quinoa mit heißem Wasser abspülen. Den Quinoa in der doppelten Menge Wasser garen. Zitronensaft, gehackten Knoblauch und Olivenöl verrühren, salzen und pfeffern. Gurke und Tomate würfeln und mit Quinoa, dem Dressing, Petersilie und Minze vermengen.

● Für Falafel und Crunchies die Kichererbsen abspülen, mit einem Küchentuch abtrocknen. 50 g Kichererbsen für die Crunchies zur Seite geben und in Paprikapulver, Salz und Öl wenden. Die restlichen Kichererbsen mit 1 EL Rapsöl und einer Knoblauchzehe pürieren. Für die Falafel davon 130 g abnehmen und mit Hafermehl, Salz, Pfeffer und den Gewürzen vermengen. Aus der Falafel-Masse 6 Taler formen. Ein Blech mit Backpapier belegen und 1 EL Öl darauf verstreichen. Falafel und Crunchies auf dem Blech bei 175 °C 15 Minuten backen, zwischendurch wenden.

● Die restlichen 80 g Kichererbsen mit den Zutaten für den Rote-Bete-Hummus pürieren. Für den Salat die Grünkohlblätter in mundgerechte Stücke teilen, weich kneten und mit einer Marinade aus Olivenöl, Zitronensaft und Salz vermengen.

● Die Buddha Bowl mit allen Gerichten in einer Schüssel anrichten. Mit Granatapfelkernen, Kichererbsen-Crunchies und einem Klecks Joghurt garnieren.

Nährwerte pro Portion:
590 kcal / 20 g E / 24 g F, davon 3 g gesättigte Fette / 71 g KH / 14 g Ba

Rote-Linsen-Dal mit Mangold und Blumenkohlreis

» Herkömmlicher Reis hat einen hohen glykämischen Index. Probieren Sie doch mal stattdessen eine Alternative aus Blumenkohl! Mit den notwendigen »langsamen« Kohlenhydraten versorgen Sie die roten Linsen in diesem Gericht.

Für 4 Personen
30 Min.

- 1 Zwiebel
- 3–4 Knoblauchzehen
- 2 TL Ingwer
- 1 EL Rapsöl
- 2–3 Möhren
- 1 kleiner Mangold
- 2 TL Currypulver
- 1 TL Kreuzkümmel
- ½ TL Kurkuma
- 300 g getrocknete rote Linsen
- 450 ml Gemüsebrühe
- 200 ml Kokosmilch
- Salz, Pfeffer
- 1 kleiner Blumenkohl
- 6 EL Wasser
- Saft und Schale von 1 Limette
- etwas Koriandergrün

● Zwiebel, Knoblauch und Ingwer schälen, hacken und in einem Topf in Rapsöl anschwitzen. Möhren klein würfeln, die Mangoldstiele (Mangoldblätter zur Seite legen) in Scheiben schneiden, beides dazugeben und etwas anrösten. Currypulver, Kreuzkümmel und Kurkuma kurz unterrühren, bis das Gemüse zu duften beginnt.

● Die in einem Sieb gewaschenen Linsen mit der Gemüsebrühe zu dem Gemüse geben. Alles etwa 15 Minuten unter gelegentlichem Rühren bei mittlerer Hitze köcheln. Kurz vor Ende der Garzeit die Mangoldblätter in mundgerechte Streifen schneiden und etwa 3 Minuten einrühren, bis die Blätter etwas zusammenfallen. Kokosmilch hinzufügen, salzen und pfeffern.

● Für den Blumenkohlreis den Blumenkohl in Röschen zerteilen und mit einem Messer oder einem Food-Processor in reisgroße Stückchen hacken.

● Den Blumenkohlreis in einem Topf mit 6 EL Wasser zugedeckt ca. 5 Minuten garen. Mit Salz, Limettensaft und -schale abschmecken und gehacktes Koriandergrün unterrühren.

● Linsen-Dal mit dem Blumenkohlreis servieren.

Nährwerte pro Portion:
465 kcal / 25 g E / 17 g F, davon 10 g gesättigte Fette / 51 g KH / 17 g Ba

Hähnchen-Saté in Erdnusssoße mit goldenem Vollkornreis

» Hühnerfleisch muss nicht trocken und fade schmecken:
Als Spieß zu einer cremigen Erdnusssoße schmeckt es wunderbar saftig und pikant.

Für 2 Personen
50 Min.

- 100 g Vollkorn-Basmatireis
- Lorbeerblatt
- Salz, ½ TL Kurkuma, ¼ TL Kreuzkümmel, ¼ TL Kardamom
- 200 g Hühnerbrust
- 2 Holzspieße
- 1 große Zwiebel
- 1 Knoblauch
- 1 rote Paprika
- 1 Stück Ingwer (daumengroß)
- 1 TL Olivenöl
- 200 ml Gemüsebrühe
- 40 g Erdnussmus
- 2 Fleischtomaten (200 g)
- Pfeffer, Salz
- Chili
- 1 EL Sojasoße nach Belieben

● Den Vollkornreis mit heißem Wasser waschen und in der doppelten Menge kochendem Wasser mit einem Lorbeerblatt kochen, bis die Flüssigkeit vom Reis aufgesogen ist (das kann bis zu einer Stunde dauern). Mit Salz und den Gewürzen abschmecken.

● Hühnerbrust in ca. 3 cm große Würfel schneiden und die Stücke auf zwei befeuchtete Holzspieße stecken. Zwiebel und Knoblauch abziehen, Zwiebel hacken. Paprika entkernen und würfeln, Ingwer schälen und hacken.

● Das Fleisch in 1 TL Olivenöl in einer Pfanne beidseitig kurz anbraten, aus der Pfanne nehmen und im Bratenrückstand die Zwiebel glasig dünsten. Paprika und Ingwer hinzufügen und kurz braten. Mit Gemüsebrühe ablöschen, Erdnussmus und gepressten Knoblauch dazugeben. Tomaten fein würfeln und zur Soße hinzufügen.

● Nun die Hühnerspieße in die Soße einlegen und einige Minuten fertig garen. Mit Pfeffer und bei Bedarf mit Salz, Chili und Sojasoße abschmecken.

● Die Saté-Spieße mit dem Vollkornreis servieren.

Nährwerte pro Portion:
510 kcal / 36 g E / 17 g F, davon 4 g gesättigte Fettsäuren / 51 g KH / 8 g Ba

Linsen-Kürbis-Bratlinge

» Hülsenfrüchte und Gemüse machen sich auch prima als Bratlinge.

Für 2 Personen
35 Min.

- 45 g rote Linsen
- 250 g Kürbis (z. B. Muskatkürbis)
- 1 kleine Zwiebel
- 1–2 Knoblauchzehen
- 1 mittelgroße Möhre
- 30 g Sonnenblumenkerne
- 1 TL Rapsöl
- 50 g Hafermehl
- Paprikapulver rosenscharf
- Kreuzkümmel
- Salz, Pfeffer
- 1 TL Rapsöl für das Blech

● Die Linsen waschen und in der 2,5-fachen Menge Wasser garen. Kürbis schälen, in Würfel schneiden, in wenig Wasser dämpfen und anschließend mit der Gabel fein zerdrücken. Zwiebel und Knoblauch abziehen und hacken, Möhre reiben.

● In einer Pfanne ohne Fett die Sonnenblumenkerne bei geringer Hitze leicht rösten und beiseitestellen. Nun in derselben Pfanne Zwiebel- und Knoblauchwürfel in 1 TL Rapsöl glasig dünsten. Geriebene Möhre dazugeben und etwas mitdünsten lassen.

● Zwiebel, Knoblauch und Möhren mit den gekochten Linsen, Hafermehl, Sonnenblumenkernen und zerdrücktem Kürbis vermengen. Die Masse mit Paprikapulver, Kreuzkümmel, Salz und Pfeffer abschmecken.

● Aus dem Teig 4 große oder 6 bis 8 kleine runde Bratlinge formen. Ein Backblech mit Backpapier auslegen und 1 TL Öl darauf verstreichen. Die Bratlinge darauflegen und im vorgeheizten Ofen bei 200 °C Ober- und Unterhitze backen. Die Bratlinge erstmals nach ca. 8 bis 9 Minuten wenden und anschließend noch einmal einige Minuten garen.

Das passt dazu: Ein frischer Salat aus grünem Blattgemüse

Tipp Hafermehl können Sie ganz einfach selbst aus Haferflocken herstellen, indem Sie die Flocken z. B. mit einem Pürierstab fein zerkleinern.

Nährwerte pro Portion:
360 kcal / 15 g E / 15 g F, davon 2 g gesättigte Fette / 41 g KH / 10 g Ba

Kartoffel-Kohlrabi-Tortilla mit Paprika-Salsa

» Kartoffeln werden oft wegen ihres hohen GI verschmäht. Für eine Tortilla können Sie einen Teil der Kartoffeln einfach durch Kohlrabi ersetzen. Lassen Sie die Kartoffel etwas auskühlen, bevor Sie sie weiterverwenden – so geht zusätzlich ein Teil der blutzuckerwirksamen Stärke verloren.

Für 4 Personen
⏲ 40 Min. inkl. Backzeit

Für die Salsa:
- 1 Knoblauchzehe
- 2 große Paprikaschoten (rot und gelb)
- 50 g in Öl eingelegte Tomaten
- 2 EL Joghurt (35 g)
- Salz, Chili, Paprika (rosenscharf)

Für die Tortilla:
- 1 Kohlrabiknolle
- 600 g gegarte und ausgekühlte festkochende Kartoffeln (z. B. vom Vortag)
- 1 TL Rapsöl für die Form
- 5 Eier
- 1 EL Mandelmus
- 90 ml Wasser
- Salz, Pfeffer, Muskat, etwas Thymian

● Backofen auf 175 °C vorheizen.

● Für die Salsa Knoblauch abziehen und fein hacken. Paprikaschoten der Länge nach vierteln, entkernen und in einem Dünsteinsatz ca. 5 Minuten dämpfen. Sie sollten noch etwas Biss haben. Paprikaviertel in dünne Streifen schneiden und anschließend fein würfeln. Die Tomaten ebenso fein würfeln. 2 EL Joghurt in eine Schüssel geben, mit Salz, Chili und Paprikapulver würzen, Gemüsewürfel unterrühren.

● Kohlrabi schälen, in ca. 0,5 cm dicke Scheiben schneiden und im Dünsteinsatz kurz dämpfen. Das Gemüse sollte keinesfalls zu weich werden. Die ausgekühlten Kartoffeln ebenso in ca. 0,5 cm dicke Scheiben schneiden.

● Eine runde Auflaufform mit 1 TL Rapsöl auspinseln und zuerst eine Schicht Kartoffelscheiben darin verteilen, dann die Kohlrabischeiben überlappend einschichten. Mit einer zweiten Schicht Kartoffelscheiben abschließen und das Gemüse im vorgeheizten Backofen bei 175 °C 10 Minuten vorbraten.

● In der Zwischenzeit Eier mit Wasser und Mandelmus verschlagen und mit den Gewürzen abschmecken. Die Mischung über die Kartoffeln gießen und die Tortilla weitere 15 Minuten im Rohr zugedeckt stocken lassen.

● Die Tortilla mit der Paprika-Salsa servieren.

Nährwerte pro Portion:
310 kcal / 15 g E / 12 g F, davon 3 g gesättigte Fette / 32 g KH / 8 g Ba

Pulled Turkey im Pfannenbrot mit Rainbow Slaw

» Ideal, wenn Gäste kommen: Dieses trendige Gericht ist einfach vorab vorzubereiten, sodass schon alles fertig ist, wenn der Besuch eintrudelt.

Für 4 Personen

35 Min. + 4 Std. Garzeit + 70 Min. Gehzeit

- 4 Dinkelvollkorn-Pfannenbrote (Seite 141)
- 1 TL Zimt, ½ TL gemahlener Ingwer, ¼ TL gemahlener Piment, ¼ TL gemahlene Nelken, etwas Muskatnuss, Chili
- 1 großes Stück Putenbrustfilet (ca. 400 g)
- 2 Zwiebeln
- ¼ l Gemüsebrühe
- 1 EL Senf
- 1 EL Sojasoße
- 300 g Weißkohl
- 300 g Rotkohl
- 2 Möhren
- 1 rote Paprika
- 2 TL Senf
- etwas Zitronensaft
- 2 EL Olivenöl
- 1–2 EL Apfelessig
- Salz
- Petersilie (gehackt)
- 1 EL Rotweinessig

● Zimt, Ingwer, Piment, Nelken, Muskatnuss und nach Geschmack Chili vermischen. Die Putenbrust damit einreiben. Die Zwiebeln in feine Ringe schneiden.

● Die Gemüsebrühe mit Senf und Sojasoße vermischen.

● In einen feuerfesten Bräter mit Deckel erst die Zwiebelringe geben, dann die Gemüsebrühe aufgießen und die Putenbrust einlegen. Den Bräter verschließen und das Fleisch 4 Stunden im vorgeheizten Backofen bei 130 °C Ober- und Unterhitze garen lassen.

● Für den Rainbow Slaw Weiß- und Rotkohl in dünne Streifen hobeln, Möhren und Paprika in feine, daumenlange Streifen schneiden.

● Senf, Zitronensaft, Olivenöl, Essig und etwas Salz vermischen und mit dem Dressing das Gemüse marinieren. Mit Petersilie garnieren und kühl stellen.

● Inzwischen die Pfannenbrote vorbereiten und gehen lassen. Das Ausbacken in der Pfanne kann kurz vor dem Servieren geschehen.

● Nach vollendeter Garzeit des Fleisches die Soße mit Rotweinessig abschmecken. Das Fleisch sollte nun so zart sein, dass es in seine Fasern zerfällt. Mit zwei Gabeln entlang der Fleischfasern das »pulled meat« abziehen.

● Die Pfannenbrote flach bis kurz vor dem Rand aufschneiden und mit Pulled Turkey und Zwiebelringen füllen. Dazu den Rainbow Slaw reichen.

Nährwerte pro Portion (mit Pfannenbrot):
475 kcal / 36 g E / 10 g F, davon 1 g gesättigte Fette / 58 g KH / 15 g Ba

Rinderwok mit Pak Choi und Soba-Nudeln

» Dieses schnelle Wok-Gericht mit Low-GI-Buchweizennudeln und Rindfleisch versorgt Sie unter anderem mit hochwertigem Eisen, einem wichtigen Nährstoff für Frauen.

Für 2 Personen
⏲ 25 Min.

200 g Roastbeef (Beiried) • 250 g Pak Choi • ½ rote Paprikaschote • 150 g Buchweizennudeln (Soba-Nudeln) • 1 EL Sesam • 1 EL Rapsöl • 40 g Mungobohnensprossen • 1 TL gehackter Ingwer • 3 EL Sojasoße • Chili, Pfeffer • 2 EL gehacktes Koriandergrün

- Fleisch längs in 1 cm dicke Scheiben schneiden, Paprika entkernen. Pak Choi in 2 cm dicke und Paprika in dünne Streifen schneiden.

- Die Buchweizennudeln nach Packungsanweisung kochen, abgießen und mit kaltem Wasser abschrecken. Mit Sesam vermengen.

- Das Rapsöl in einem Wok oder einer Pfanne erhitzen, Fleisch darin unter Rühren scharf anbraten. Pak Choi und Paprikastreifen dazugeben und kurz mitbraten. Sprossen, Ingwer und Sojasoße hinzufügen und alles mit Chili und Pfeffer würzen.

- Den Rinderwok mit den Buchweizennudeln und Koriander bestreut servieren.

Nährwerte pro Portion:
515 kcal / 34 g E / 15 g F, davon 3 g gesättigte Fette / 60 g KH / 9 g Ba

Gefüllte Auberginen mit Petersilien-Quinoa

» Sie möchten Ihre Fleischportionen reduzieren? Ein Trick: Fleisch nicht als ganzes Stück servieren, sondern z. B. als Füllung – hier von Auberginen.

Für 2 Personen
⏲ 60 Minuten inkl. Backzeit

2 Auberginen à 350 g • 1 Zwiebel • 2 Knoblauchzehen • 1 TL Olivenöl • 250 g Rinderhack • 1 Möhre • 1 gehäufter EL Tomatenmark • Salz, Pfeffer • ½ TL Koriander, ½ TL Paprikapulver (edelsüß), ½ TL Kreuzkümmel • 300 ml Gemüsebrühe, 1 Lorbeerblatt • 100 g Quinoa • ½ Bund glatte Petersilie

- Die Auberginen längs halbieren und im vorgeheizten Backofen bei 220 °C Ober- und Unterhitze ca. 20 Minuten backen.

- Zwiebel und Knoblauch würfeln und in Olivenöl glasig dünsten. Möhre fein würfeln, mit dem Hackfleisch dazugeben und alles ca. 5 Minuten braten. Tomatenmark unterrühren und mit Salz, Pfeffer, Koriander, Paprika und Kreuzkümmel würzen.

- Die Füllung auf den Auberginenhälften verteilen und in einer Form im Ofen bei 190 °C mit 100 ml Brühe und einem Lorbeerblatt 40 Minuten fertig garen.

- Quinoa heiß abspülen und in 200 ml Brühe garen. Mit gehackter Petersilie vermengen.

Nährwerte pro Portion:
565 kcal / 38 g E / 24 g F, davon 8 g gesättigte Fette / 50 g KH / 17 g Ba

Vollkorn-Flammkuchen mit roten Zwiebeln

» Für Flammkuchen brauchen wir nicht zwingend Schmand, Speck und Weißmehl. Er gelingt und schmeckt mit Vollkornmehl und Frischkäse mindestens genauso gut.

Für 2 Personen

20 Min. + 10 Min. Backzeit

120 g Dinkelvollkornmehl • 30 g Sonnenblumenkernmehl (teilentölt) • 85 ml lauwarmes Wasser • 1 TL Olivenöl • 1/4 TL Salz • 2 rote Zwiebeln • 100 g fettarmer Frischkäse (9 % Fett absolut) • Thymian • Pfeffer • 50 g fettarmer Feta

- Ein Blech oder einen Pizzastein im Backofen auf 250 °C Ober- und Unterhitze vorheizen.

- Aus Dinkelvollkornmehl, Sonnenblumenkernmehl, Wasser, Olivenöl und Salz einen Teig kneten. Den Teig in 2 gleich große Stücke teilen und auf einem Backpapier dünn ausrollen.

- Zwiebeln abziehen und in Ringe schneiden. Die Teigböden mit Frischkäse bestreichen. Zwiebelringe darauf verteilen. Mit Thymian und Pfeffer würzen und den Feta darauf zerbröckeln.

- Die Flammkuchen 10 Minuten auf dem Blech oder Pizzastein backen.

- Das Gericht mit einem frischen Beilagensalat servieren.

Nährwerte pro Portion:
395 kcal / 25 g E / 13 g F, davon 5 g gesättigte Fette / 43 g KH / 11 g Ba

Blumenkohlpizza

» Dieser Pizzateig gelingt ohne Gehzeit. Das Beste daran ist aber, dass die Basis des Teiges aus Gemüse besteht!

Für 2 Pizzen

20 Min. + 20 Min. Backzeit

250 g Blumenkohl • 7 EL Wasser • 50 g Weizenvollkornmehl • 2 Eier • 1 Knoblauchzehe • Salz, Pfeffer • Oregano, Basilikum • 100 ml passierte Tomaten • 2 kleine Tomaten • 2 Steinchampignons • 1/2 Kugel fettarmer Mozzarella • 1 Handvoll Rucola

- Den Blumenkohl in einem Multi-Zerkleinerer fein häckseln und mit ca. 7 EL Wasser zugedeckt vordünsten.

- Den Blumenkohl mit Mehl, Eiern und gehacktem Knoblauch verrühren und mit Salz, Pfeffer, Oregano und Basilikum würzen.

- Die Masse in Form von 2 runden Pizzaböden auf ein mit Backpapier belegtes Blech streichen. Die Böden im vorgeheizten Backofen bei 200 °C Ober- und Unterhitze 10 Minuten vorbacken.

- Die Böden nun mit passierten Tomaten bestreichen und mit Tomaten- und Champignonscheiben belegen. Mit geriebenem Mozzarella abschließen. Die Pizzen weitere 10 Minuten bei 200 °C backen.

- Die Blumenkohlpizzen mit Rucola belegen und servieren.

Nährwerte pro Pizza:
280 kcal / 22 g E / 11 g F, davon 4 g gesättigte Fette / 23 g KH / 8 g Ba

Pesto-Fisch auf Ofengemüse mit Gerstenrisotto

» Gerste weist einen unschlagbar niedrigen GI auf und wird hier z. B. als Risotto-Alternative ein PCOS-tauglicher Begleiter zum Fisch.

Für 2 Personen

45 Min. inkl. Backzeit

- 2 kleine Fischfilets (z. B. Zander) à 120 g (frisch oder TK)
- ½ Zwiebel
- 1 rote Paprika
- 1 Zucchini
- 2 EL Zitronensaft
- Salz, Pfeffer
- 2 EL Olivenöl
- 2 Knoblauchzehen
- je 1 Zweig Thymian, Rosmarin und Majoran
- 1 kleine Zwiebel
- 1 Selleriestange
- 100 g Rollgerste (grobe Gerstengraupen)
- 1 TL Olivenöl
- 2 EL Weißweinessig
- 500 ml Gemüsebrühe
- 1 Lorbeerblatt
- etwas Salz
- 2 TL grünes Pesto (à 15 g)

● Tiefgekühlten Fisch zum Auftauen in der Plastikverpackung in lauwarmes Wasser legen.

● Für das Ofengemüse die Zwiebel abziehen und in Ringe schneiden, entkernte Paprika in ca. 3 cm große Rauten und Zucchini in daumendicke Halbmonde. Das Gemüse mit Zitronensaft, Salz und Pfeffer würzen. Olivenöl, abgezogene, halbierte Knoblauchzehen sowie die Kräuterzweige dazugeben und die Mischung 10 Minuten in einer feuerfesten Form im vorgeheizten Backofen bei 175 °C Ober- und Unterhitze garen.

● Für das Gerstenrisotto die Zwiebel und die Selleriestange in kleine Würfel schneiden. Das Gemüse und die Rollgerste in 1 TL Olivenöl andünsten. Mit Weißweinessig ablöschen und verdampfen lassen. Nun die Gemüsebrühe, ein Lorbeerblatt und nach Belieben etwas Salz dazugeben und das Risotto unter Rühren 30 bis 35 Minuten garen, bis die Flüssigkeit verbraucht ist.

● Die Fischfilets auf der Hautseite mit Pesto bestreichen und auf das vorgegarte Ofengemüse in der feuerfesten Form legen. Fisch und Gemüse weitere 15 Minuten bei gleicher Temperatur im Backofen garen.

● Den Pesto-Fisch mit Ofengemüse und Gerstenrisotto anrichten.

Nährwerte pro Portion:

510 kcal / 34 g E / 18 g F, davon 3 g gesättigte Fettsäuren / 53 g KH / 9 g Ba

Blumenkohl-Zitronen-Spaghetti mit gebratenen Garnelen

» Nudeln haben einen unverdient schlechten Ruf! Vollkornnudeln z. B. überraschen durch einen vergleichsweise guten GI. Bei diesem Rezept sorgen viel Gemüse, hochwertige Öle, Zitronensaft und Eiweiß aus den Garnelen für ein abgerundetes Gericht bei PCOS!

Für 2 Personen
⏲ 40 Min.

- 160 g Garnelen mit Schale (frisch oder TK)
- 50 g Cashew-Kerne
- 250 ml Gemüsebrühe
- 150 g Blumenkohl
- 1 kleine Zwiebel
- 1 Knoblauchzehe
- 1 TL Olivenöl
- 160 g Vollkornspaghetti
- 1 TL Salz
- 2 Knoblauchzehen
- 1 TL Olivenöl
- Petersilie, Basilikum
- 50 g Rucola
- 100 g Kirschtomaten
- 1 kleine Stange Lauch
- Saft und Schale von ¼ – ½ unbehandelten Zitrone
- Muskat, Pfeffer

● Die tiefgekühlten Garnelen mit Wasser abspülen, trocken tupfen und im Kühlschrank etwa 15 Minuten auftauen lassen.

● Die Cashew-Kerne in einer kleinen Schüssel mit der heißen Gemüsebrühe übergießen und darin einweichen lassen.

● Inzwischen den Blumenkohl waschen und in Röschen zerteilen. Die Zwiebel klein schneiden und in einem Topf mit den Blumenkohlröschen und dem gehackten Knoblauch in 1 TL Olivenöl leicht anschwitzen. Mit der Gemüsebrühe ablöschen und die darin eingeweichten Cashews dazugeben. Alles zugedeckt weichkochen.

● In einem Topf ausreichend Wasser mit 1 TL Salz zum Kochen bringen, die Vollkornspaghetti hineingeben und bissfest kochen.

● Die Garnelen von der Schale befreien und in 1 TL Olivenöl mit Salz und den 2 feingehackten Knoblauchzehen marinieren.

● Petersilie und Basilikum hacken. Rucola, Tomaten und Lauch waschen. Tomaten halbieren, Lauch in feine Ringe schneiden.

● Die Blumenkohlsoße vom Herd nehmen, etwas abkühlen lassen. Die Soße fein pürieren und mit Zitronensaft und -schale sowie Muskat, Salz und Pfeffer abschmecken. Bei Bedarf noch etwas Gemüsebrühe dazugeben.

● Eine Pfanne heiß werden lassen. Die Garnelen auf mittlerer Stufe von beiden Seiten anbraten, beiseitestellen. Lauchringe und Tomaten in die Pfanne geben und etwas anschwitzen.

● Die Nudeln mit der Soße vermengen, Lauch und Tomaten einrühren und mit den Garnelen, Kräutern und Rucola garnieren.

Nährwerte pro Portion
615 kcal / 38 g E / 20 g F, davon 4 g gesättigte Fette / 69 g KH / 16 g Ba

Spinat-Lachs-Lasagne mit Blumenkohl-Bechamel

» Das Problem bei herkömmlicher Bechamelsoße in der Lasagne: Butter und Mehl. Aber es geht auch anders: Öl und Blumenkohl können statt Mehl für Bindung sorgen, und darüber hinaus noch für Geschmack und ein Ballaststoff-Plus.

Für 4 Personen

25 Min. + 35 Min. Backzeit

- 400 g Lachsfilet (frisch oder TK)
- 2–3 EL Zitronensaft
- etwas Dill (frisch oder getrocknet)
- etwas Salz
- 350 g Blumenkohl
- 1 TL Olivenöl
- 200 ml Gemüsebrühe
- ¼ l fettarme Milch
- ½ TL Salz
- Pfeffer, Muskat
- etwas geriebene Zitronenschale
- 1000 g Spinat (TK)
- 1 große Zwiebel
- 3–4 Knoblauchzehen
- 1 EL Olivenöl
- Salz, Pfeffer
- 1 TL Rapsöl für die Form
- 300 g Vollkorn-Lasagneblätter
- 80 g Käse (gerieben)

● Den tiefgekühlten Lachs auftauen und mit Küchenkrepp trocken tupfen. In 1 cm dicke Streifen schneiden, mit Zitronensaft beträufeln, klein geschnittenen Dill hinzufügen und etwas salzen.

● Den Backofen auf 170 °C Ober- und Unterhitze vorheizen.

● Blumenkohlröschen in einem Topf mit 1 TL Olivenöl etwas andünsten, mit Gemüsebrühe aufgießen und zugedeckt garen. Milch, Salz, Pfeffer, Muskat und geriebene Zitronenschale dazugeben und alles mit einem Mixstab fein pürieren.

● Den tiefgekühlten Spinat entweder vorab einige Stunden im Kühlschrank oder einige Minuten in der Mikrowelle antauen lassen. Zwiebel und Knoblauch fein hacken und in 1 EL Olivenöl anschwitzen. Spinat dazugeben und weiterdünsten. Mit Salz und Pfeffer würzen.

● Eine Auflaufform mit 1 TL Rapsöl einfetten. Nun abwechselnd Vollkorn-Lasagneblätter, die Bechamelsoße, Spinat und einige Lachswürfel in die Form schichten. Mit Lasagneblättern und Bechamel abschließen und den geriebenen Käse darauf verteilen.

● Die Lasagne bei 170 °C etwa 35 Minuten im Ofen backen. Falls sie bereits vor vollendeter Garzeit zu braun wird, die Auflaufform mit Alufolie abdecken (dabei darauf achten, dass möglichst kein Kontakt zum Lebensmittel besteht).

Nährwerte pro Portion:

595 kcal / 56 g E / 21 g F, davon 7 g gesättigte Fette / 52 g KH / 19 g Ba

BACKEN UND SÜSSES

Backwaren und Süßes bei PCOS? Ja, Sie lesen richtig! In dieser Rezeptkategorie finden Sie einige schnelle und einfache Rezepturen für Ihr »täglich Brot«. Und auch auf Süßes müssen Sie nicht verzichten. Sobald Sie sich von zuckrigen, industriell gefertigten Riegeln und Kuchen entwöhnt haben, lernen Sie die natürliche Süße aus Obst und auch Nüssen wieder zu schätzen.

« Orangen-Mug-Cake aus der Mikrowelle (S. 148)

Italienische Knuspertaler

» Diese mediterranen Taler machen als Snack eine gute Figur zu frischem Gemüse oder einem Dip aus Hülsenfrüchten!

Für 8 Stück
10 Min. + 20 Min. Backzeit

1 mittelgroße Möhre • 4 getrocknete Tomaten • 1 kleine Knoblauchzehe • etwas Basilikum • 50 g Cashew-Kerne • 50 g Sonnenblumenkerne • 50 g ungeschälte gemahlene Mandeln • 40 g Leinsamen (geschrotet) • 1 gehäufter EL Tomatenmark • Salz, Pfeffer

- Den Backofen auf 200 °C Ober- und Unterhitze vorheizen.
- Die Möhre fein reiben, Tomaten in kleine Würfel schneiden, Knoblauch und Basilikum fein hacken.
- Cashews und Sonnenblumenkerne in einem Mixer fein hacken. Mit allen übrigen Zutaten vermengen und die Mischung mit Salz und Pfeffer abschmecken.
- Die Masse gleichmäßig auf ein mit Backpapier belegtes Backblech verteilen und ca. 20 Minuten backen, bis die Masse hart, aber nicht zu dunkel ist.
- Die Knuspertaler abkühlen lassen und in 8 Stücke schneiden.

Nährwerte pro Stück:
140 kcal / 5 g E / 11 g F, davon 1 g gesättigte Fette / 5 g KH / 4 g Ba

Vollkorn-Tortilla

» In den Supermarktregalen suchten Sie bisher vergeblich nach Tortillas aus Vollkorn? Hier Ihr Rezept zum Selbermachen: Dank des Joghurts lassen sich die Tortillas auch prima einrollen und brechen garantiert nicht!

Für 4 Tortillas
15 Min.

200 g Vollkornmehl • 2 TL Weizenkleie • 200 g fettarmer Naturjoghurt • Salz • Kümmel nach Belieben

- Aus Mehl, Kleie, Joghurt und Salz und nach Belieben etwas Kümmel einen Teig herstellen.
- Den Teig in 4 gleich große Stücke teilen und auf einer bemehlten Fläche möglichst dünn rund ausrollen.
- Die Tortillas in einer beschichteten Pfanne ohne Fett kurz beidseitig backen.

Nährwerte pro Stück:
220 kcal / 10 g E / 3 g F, davon 1 g gesättigte Fette / 37 g KH / 7 g Ba

Kichererbsenfladen

» Nicht nur aus Getreide lassen sich Fladen zaubern: Hülsenfrüchte punkten dank des pflanzlichen Proteins zusätzlich.

Für 4 Fladen
20 Min. + 2 Std. Ruhezeit

200 g Kichererbsenmehl • 400 g Wasser • ¼ TL Salz • Kreuzkümmel • 1 EL Rapsöl • nach Belieben 1–2 Knoblauchzehen

- Das Kichererbsenmehl, Wasser, Salz und Kreuzkümmel mit einem Schneebesen verrühren. Den Teig mindestens 2 Stunden ruhen lassen.

- In eine beschichtete Pfanne das Rapsöl geben, bei mittlerer Hitze etwas Teig eingießen, in der Pfanne verteilen und anbacken lassen. Anschließend den Kichererbsenfladen wenden. Da der Teig beim Wenden leicht reißt, empfiehlt es sich, 4 kleinere Fladen zu backen.

- Anschließend die Fladen nach Wunsch mit halbierten Knoblauchzehen leicht einreiben.

Nährwerte pro Stück:
185 kcal / 9 g E / 6 g F, davon 1 g gesättigte Fette / 24 g KH / 6 g Ba

Dinkelvollkorn-Pfannenbrot

» Dieses Brot aus der Pfanne ist ein gesunder Kohlenhydratbegleiter für viele Gerichte – vielleicht auch für den nächsten Grillabend?

Für 4 Stück
20 Min. + 1 Std. 10 Min. Ruhezeit

200 g Dinkelvollkornmehl • 60 g Dinkelvollkorngrieß • 1 gestr. TL Salz • ½ Packung Trockenhefe • ca. 140 ml lauwarmes Wasser • 1 TL Rapsöl

- Das Dinkelvollkornmehl mit dem Dinkelgrieß mischen. Salz und Hefe nacheinander dazugeben. Nun das lauwarme Wasser und das Öl hinzufügen und die Mischung 5 bis 10 Minuten mit der Hand oder der Küchenmaschine verkneten. Der Teig sollte nicht mehr klebrig sein, aber auch nicht zu trocken.

- Den Teig abgedeckt ca. 1 Stunde ruhen lassen, bis er aufgegangen ist.

- Danach den Teig zu einer Rolle formen davon 4 gleichmäßig große Scheiben abschneiden und zu Kugeln formen. Diese mit einem angefeuchteten Tuch abdecken und noch einmal 10 Minuten ruhen lassen.

- Die Teigkugeln zu flachen Kreisen ausrollen und in einer beschichteten Pfanne ohne Fett auf mittlerer Stufe 2 bis 4 Minuten von jeder Seite knusprig backen.

Nährwerte pro Stück:
225 kcal / 7 g E / 3 g F, davon 0 g gesättigte Fette / 42 g KH / 6 g Ba

Vollkorn-Burger-Buns

» Die soften Weißmehl-Burger-Buns aus dem Supermarkt treiben Ihren Blutzucker und Ihr Insulin in die Höhe. Machen Sie eine PCOS-freundliche Hülle für Ihren Burger aus Vollkornmehl, Schrot und ein paar Kernen lieber selbst.

Für 5 Stück
⏲ 10 Min. + 60 Min. Gehzeit + 15. Min. Backzeit

225 g Dinkelvollkornmehl • ½ Packung Trockenhefe • 50 g Roggenvollkornschrot • 2 EL Sonnenblumenkerne • 1 TL Salz • 190 ml warmes Wasser • ½ EL Sesam

• Für die Burger-Buns alle Zutaten bis auf den Sesam mit der Küchenmaschine vermengen und mindestens 5 Minuten kneten. Den Teig anschließend mindestens 30 Minuten zugedeckt an einem warmen Ort gehen lassen.

• 5 flache Laibe in der Größe von Burgern formen, mit wenig Wasser bepinseln und mit Sesam bestreuen. Die Teiglinge nochmals zugedeckt an einem warmen Ort 30 Minuten gehen lassen.

• Den Backofen auf 200 °C vorheizen und die Buns 15 Minuten backen.

Nährwerte pro Stück:
205 kcal / 7 g E / 4 g F, davon 0 g gesättigte Fette / 35 g KH / 6 g Ba

Pfannkuchen-Wrap

» Dieser Wrap erinnert an Pfannkuchen, ist aber viel gesünder. Füllen Sie ihn nach Lust und Laune mit Gemüse, Salat, Hülsenfrüchten oder auch frischen Beeren.

Für 2 Personen
⏲ 10 Min.

3 gehäufte EL (60 g) Weizenvollkornmehl • 4 EL Großblatt-Haferflocken • ½ TL Weinsteinbackpulver • 150 g fettarmer Naturjoghurt • 2 Eier • Salz • Pfeffer

• Vollkornmehl, Haferflocken, Backpulver, Joghurt und Eier zu einem glatten Teig verrühren, mit Salz und Pfeffer würzen und einige Minuten ruhen lassen.

• Aus dem Teig in einer beschichteten Pfanne ohne Fett zwei Wraps beidseitig herausbacken.

• Mit frischem Salat und Gemüse oder auch mit süßen Beeren belegen und zu einem Wrap einrollen.

Nährwerte pro Stück (ohne Füllung):
285 kcal / 16 g E / 9 g F, davon 3 g gesättigte Fette / 34 g KH / 4 g Ba

Einfaches Vollkornblitzbrot

» Ein gesundes Vollkornbrot mit langsam wirksamen Kohlenhydraten zu backen, war noch nie einfacher. Und ging noch nie schneller, denn der Teig muss noch nicht mal gehen!

Für 1 Kastenform (20 Scheiben)
10 Min. + 50 Min. Backzeit

250 g Dinkelvollkornmehl • 250 g Roggenvollkornmehl • 100 g Großblatt-Haferflocken • 1 Packung Trockenhefe • 500 ml warmes Wasser • 2 EL Apfelessig • 2 gestrichene TL Salz • 50 g Leinsamen • 50 g Sonnenblumenkerne • 50 g Kürbiskerne

- Mehle, Haferflocken und Trockenhefe mit Wasser, Essig und Salz in der Küchenmaschine mindestens 5 Minuten lang zu einem Teig kneten. Dann die Kerne und Leinsamen unterrühren.

- Den Teig in eine mit Backpapier ausgekleidete Kastenform füllen und in den noch kalten Backofen stellen.

- Den Ofen auf 200 °C einschalten und den Teig ca. 50 bis 60 Minuten backen.

Nährwerte pro Scheibe:
135 kcal / 5 g E / 4 g F, davon 1 g gesättigte Fette / 19 g KH / 4 g Ba

Süßkartoffel-Brownies

» Saftige, schokoladige Brownies ohne Butter und herkömmliches Mehl? Hier werden Sie fündig!

Für 6 Stück
20 Min. + 25 Min. Backzeit

200 g Süßkartoffeln • 50 g Schokolade (85 % Kakaoanteil) • 3 gehäufte EL (80 g) Mandelmus • 2 gestr. EL Hafermehl • 2 TL reines Kakaopulver (ohne Zuckerzusatz) • ½ TL Weinsteinbackpulver • Zimt • 2 Eier • 80 g Erythrit

- Die Süßkartoffeln schälen, in grobe Würfel schneiden, dämpfen und anschließend pürieren.

- Die Schokolade in einem Wasserbad schmelzen, Mandelmus hinzufügen und gut vermischen. Süßkartoffel, Hafermehl, Kakaopulver, Backpulver und Zimt hinzugeben und alles gleichmäßig verrühren.

- Die Eier mit Erythrit schaumig schlagen und unter die Masse heben.

- Den Teig in eine mit Backpapier ausgelegte Form gießen und bei 175 °C Ober- und Unterhitze ca. 25 Minuten backen.

Nährwerte pro Stück:
215 kcal / 6 g E / 14 g F, davon 2 g gesättigte Fettsäuren / 15 g KH / 2 g Ba

Erdbeer-Kokos-Sorbet

» Das Problem von Fruchteis-Liebhabern: viel Zucker + püriertes Obst = hoher GI. Dieses Eis enthält zwar auch püriertes Obst, jedoch keinen zugesetzten Zucker und »bremst« den Blutzuckeranstieg dank des Fetts aus der Kokosmilch ein wenig.

Für 2 Personen
5 Min.

1 kleine tiefgefrorene Banane, in Scheiben geschnitten • ca. 16 tiefgefrorene Erdbeeren • 60 ml Kokosmilch

- Die gefrorenen Bananenstücke und Erdbeeren in einen Mixbehälter geben und ein paar Minuten antauen lassen.

- Kokosmilch hinzufügen und mit einem leistungsstarken Pürierstab zu einem halbgefrorenen, soften Eis pürieren.

Nährwerte pro Portion:
130 kcal / 2 g E / 7 g F, davon 6 g gesättigte Fette / 15 g KH / 2 g Ba

« Erdbeer-Kokos-Sorbet

Rhabarber-Erdbeer-Crumble

» Rhabarber und Erdbeeren enthalten nur wenig Zucker. Apfelmus und Erdmandeln geben dem Crumble natürliche Süße.

Für 6 Personen
20 Min. + 20 Min. Backzeit

600 g Rhabarber • 250 g Erdbeeren • 4 EL Wasser • Vanillearoma oder -mark • 2 TL geschrotete Goldleinsamen • 3 EL (45 g) Erythrit • 100 g kernige Haferflocken • 100 g Erdmandeln (gemahlen) • 1 TL Backpulver • 1 Ei • 75 g Apfelmus (selbst gemacht oder aus dem Glas)

- Rhabarber schälen und in ca. 1 cm dicke Stücke schneiden. Erdbeeren vierteln.

- Wasser, Vanillearoma oder -mark, geschrotete Leinsamen und Erythrit verrühren, mit den Rhabarber- und Erdbeerstücken vermengen und die Mischung in einer ofenfesten Auflaufform verteilen.

- Haferflocken, Erdmandeln, Backpulver, Ei und Apfelmus gleichmäßig verrühren und als Streusel mit beiden Händen über der Rhabarbermasse verteilen.

- Den Crumble im vorgeheizten Backofen bei 180 °C Ober- und Unterhitze ca. 20 bis 25 Minuten backen.

Nährwerte pro Portion:
190 kcal / 5 g E / 7 g F, davon 1 g gesättigte Fette / 24 g KH / 7 g Ba

Cashew-Kokos-»Cheesecake« mit Himbeerkompott

» Aufgrund fetter Milchprodukte, Mehl, Zucker und Puddingpulver ist herkömmlicher Cheesecake ein No-Go bei PCOS. Doch mit einem Boden aus ganzen Haferflocken sowie Nüssen und Kernen statt fetter Milchprodukte, können auch Sie mal eine Ausnahme machen und ein Stück genießen!

Für 16 Stücke

25 Min. + 35 Min. Backzeit + 5 Std. Einweichzeit

Für den Boden:

- 100 g Haferflocken
- 50 g Hafermehl
- 8–10 EL kaltes Wasser
- 30 g Erythrit
- 1 gestr. EL Mandelmus

Für den Belag:

- 400 g Cashew-Kerne
- 300 ml Kokosmilch
- Saft von 1–2 Zitronen
- 4 Eier
- 120 g Erythrit
- etwas Vanillemark
- abgeriebene Schale von 1 Zitrone
- 600 g Himbeeren

- Die Cashew-Kerne mit heißem Wasser übergießen und mindestens 5 Stunden oder über Nacht einweichen lassen.

- Für den Boden Haferflocken, Hafermehl und Wasser mit Erythrit und Mandelmus verkneten und die Masse gleichmäßig dünn auf dem Boden einer Tortenform verteilen (mit feuchten Händen andrücken).

- Backofen auf 175 °C vorheizen.

- Die eingeweichten Cashew-Kerne abseihen und mit der Kokosmilch so lange pürieren, bis eine sämige Masse entstanden ist. Zitronensaft hinzufügen.

- Die Eier mehrere Minuten lang schaumig schlagen, Erythrit, Vanillemark und Zitronenschale dazugeben. Nun die Cashew-Masse unterheben. Die Füllung auf dem Tortenboden verteilen und im vorgeheizten Ofen 35 bis 40 Minuten backen. Damit der Kuchen nicht zu sehr bräunt, über die Tortenform rechtzeitig Alufolie legen, ohne dass Kontakt zum Lebensmittel besteht.

- Himbeeren in einem Topf mit einigen EL Wasser erwärmen, mit der Gabel etwas zerdrücken und etwas einköcheln lassen.

- Die Torte kühl stellen und zum Servieren in möglichst kleine Stücke schneiden, denn der Cashew-Kokos-»Cheesecake« ist trotz gesünderer Zutaten nach wie vor eine kleine kalorien- und fettintensive Süßigkeit.

Nährwerte pro Stück:

260 kcal / 8 g / 17 g F, davon 7 g gesättigte Fette / 17 g KH / 4 g Ba

Orangen-Mug-Cake aus der Mikrowelle

» Um nicht in Versuchung zu kommen, sollten Sie zu Hause am besten auf Süßigkeitenvorräte verzichten. Und falls Sie doch einmal der unstillbare Süßhunger überfällt, können Sie in wenigen Minuten auch diesen Orangen-Mug-Cake aus der Mikrowelle zaubern.

Für 2 Tassen (Mugs)
15 Minuten inkl. Backzeit

- 1 Ei
- 2 gestr. EL Erythrit
- ca. 2 EL Wasser
- Schale einer ½ Bio-Orange (gerieben)
- etwas Vanillemark oder -aroma (nach Belieben)
- Bittermandelaroma (nach Belieben)
- 1 Messerspitze Kurkuma (für die Farbe)
- 1 gehäufter EL Mandeln (gemahlen)
- 2 EL Vollkornmehl (35 g)
- 1 TL Weinsteinbackpulver

Für das Topping:
- 1 TL Mandelmus
- ½ TL Kakaopulver
- ½ TL Erythrit
- 1–2 TL Wasser
- Orangenzesten zur Dekoration (nach Belieben)

Außerdem:
- 3 mikrowellentaugliche Porzellantassen

- Das Ei in einer Schüssel verschlagen. Erythrit und Wasser dazugeben und vermengen. Mit Orangenschale, Vanille, Bittermandelaroma (nach Belieben) und etwas Kurkuma würzen. Anschließend Mandeln, Vollkornmehl und Backpulver unterrühren.

- Den Teig in 2 Porzellantassen füllen und mit einer dritten Tasse (gefüllt mit Wasser) in die Mikrowelle geben. Die Mug-Cakes bei 700 Watt ca. 3,5 Minuten backen.

- In der Zwischenzeit für das Topping Mandelmus mit Kakao, Erythrit und Wasser glatt rühren.

- Die Kuchen aus der Mikrowelle nehmen und in den noch heißen Tassen etwas nachziehen lassen (denn manchmal ist der Boden des Kuchens nach dem Backen noch nicht ganz »durch«).

- Die Kuchen mit dem Schoko-Mandel-Topping verzieren und nach Belieben mit Orangenzesten dekorieren.

Nährwerte pro Stück:
160 kcal / 7 g E / 9 g F, davon 2 g gesättigte Fette / 12 g KH / 3 g Ba

Beerentorte ohne Backen

» Diese Torte aus zuckerarmer, kühler Beerencreme mit Limette ist nicht nur an heißen Sommernachmittagen ein Traum!

Für eine Torte mit 16 cm Durchmesser (8 Stück)
25 Min. + 2 Std. Kühlzeit

60 g grobe Haferflocken • 2 EL Mandelmus • 2 EL Erythrit • 2 EL eiskaltes Wasser • 125 g Brombeeren • 150 g Heidelbeeren • 3 EL Erythrit • Schale und Saft einer ½ Limette • 75 ml Kokosmilch • 1 gehäufter TL Agar-Agar • 175 g Magerquark

- Für den Boden Haferflocken, Mandelmus, Erythrit und Wasser zu einem Teig verarbeiten. Den Teig auf dem Boden eines Tortenrings (kleinstmögliche Einstellung: 16 cm Durchmesser) verteilen und fest andrücken.

- Für den Belag ¾ der Beeren mit Erythrit, Limettensaft und -schale und Kokosmilch pürieren.

- Von der Masse 1 EL abnehmen und mit Agar-Agar vermischen. Die Mischung wieder zum Fruchtpüree geben, einige Minuten aufkochen, etwas abkühlen lassen.

- Den Quark unter das Püree heben und die Masse in die Tortenform geben.

- Die Torte einige Stunden kühl stellen. Mit den restlichen Beeren garnieren.

Nährwerte pro Portion (2 Stück):
205 kcal / 10 g E / 10 g F, davon 4 g gesättigte Fette / 17 g KH / 5 g Ba

Frozen Joghurt

» Die wohl luftigste und proteinreichste Erfrischung des Sommers!

Für 2 Personen
10 Min. + 4 Std. Tiefkühlzeit

250 g fettarmer Naturjoghurt • 30 g Erythrit • 1 frisches Eiweiß

- Joghurt mit Erythrit vermischen.

- Das Eiweiß steif schlagen und unter den Joghurt heben.

- Die Masse ins Gefrierfach stellen, alle 20 bis 30 Minuten herausnehmen und durchmischen. Diesen Vorgang so lange wiederholen, bis die Joghurtmasse durchgefroren ist (nach 3 bis 4 Stunden).

- Den Frozen Joghurt mit Toppings garnieren.

Das passt dazu: Als Topping schmecken besonders gut frische Beeren, ungezuckerte Beerensoße, gehackte und geröstete Nüsse oder auch Schokosplitter mit einem Kakaoanteil von mindestens 80 Prozent.

Nährwerte pro Portion (ohne Topping):
65 kcal / 6 g E / 2 g F, davon 0 g gesättigte Fette / 5 g KH / 0 g Ba

PCOS verstehen

Was genau ist eigentlich PCOS? Erfahren Sie mehr über die Hintergründe der Erkrankung – ein wichtiger Schritt, um verlorengegangenes Vertrauen in den eigenen Körper wiederzuerlangen.

Was sich bei PCOS im Körper abspielt

Viele Frauen haben vom PCO-Syndrom zum ersten Mal an dem Tag gehört, an dem ihre Symptome endlich diesen Namen erhielten. Kein Wunder, dass die Verunsicherung erst einmal groß ist.

Die meisten Frauen fühlen sich mit der Diagnose PCOS erstmal ganz schön alleine, da sie in ihrem Umfeld niemanden kennen, der auch damit zu kämpfen hat – und das, obwohl das PCO-Syndrom die weltweit häufigste hormonelle Störung bei Frauen im gebärfähigen Alter ist! Schätzungen gehen davon aus, dass jede 6. bis 20. Frau betroffen ist. Wie kommt es, dass man sich trotz der Häufigkeit der Erkrankung einsam damit fühlt?

Kaum eine andere Krankheit ist mit so viel Scham besetzt wie das PCOS. Daher wird dem Syndrom auch in der Öffentlichkeit noch relativ wenig Aufmerksamkeit geschenkt. Wer berichtet schon freiwillig von Problemen wie Akne oder unerwünschtem Haarwuchs? Selbst im engeren Freundeskreis sind intime Themen wie Menstruation, Fruchtbarkeit und Hormone nur selten Gesprächsthema Nummer eins. Gerne werden auch Vorurteile, etwa, dass alle Frauen mit PCOS übergewichtig und unfruchtbar seien, verbreitet. Doch von solchen falschen Verallgemeinerungen sollten wir uns distanzieren.

Eine Krankheit mit vielen Gesichtern

Das PCO-Syndrom hat viele verschiedene Facetten: PCOS ist nicht gleich PCOS. Es gibt kein einziges Symptom der Erkrankung, das bei allen Betroffenen auftritt! Vielmehr zeigt sich das PCOS als eine Variation unterschiedlicher Symptome. Von welchen Beschwerden man nun wie stark betroffen ist, ist von Frau zu Frau ganz unterschiedlich. Manche Betroffene haben z.B. nur milde hormonelle Abweichungen.

Das PCOS-Symptomen-Duo

Die meisten Beschwerden des PCOS betreffen zwei Bereiche, nämlich »Hormone und Fruchtbarkeit« sowie den »Stoffwechsel«. In den folgenden Tabellen sehen Sie, welche typischen Symptome auftreten können und wie viele Ihrer PCOS-Leidensgenossinnen davon betroffen sind. Keine Sorge, wenn Sie beim Lesen der komplizierten medizinischen Fachbegriffe erst einmal ins Schwitzen geraten – so ging es wohl jedem Neuling der Materie zu Beginn. Was es mit den Fachbegriffen auf sich hat, verraten die Erklärungen in der mittleren Spalte der Tabelle. So sind Sie für das nächste Gespräch beim Arzt (das kann ein Gynäkologe, ein Dermatologe oder ein Endokrinologe sein) gut vorbereitet!

Hormone und Fruchtbarkeit bei PCOS: Ihre Symptome

Fachbegriff der Ärzte	Das bedeutet...	Anteil der davon betroffenen Frauen mit PCOS
Hyperandrogenämie	Androgene sind die typisch männlichen Geschlechtshormone: z. B. Testosteron, Androstendion, DHEAS. Bei der Hyperandrogenämie liegen im Verhältnis zu viele (»hyper«) dieser Hormone (»androgen«) im Blut (»ämie«) vor	81 %
Hirsutismus	Vermehrte Behaarung der Frau nach typisch männlichem Muster (z. B. an Kinn, Schläfen, Oberlippe, Brust)	73–84 %
Akne	Hauterkrankung mit Beteiligung der Talgdrüsen und Haarfollikel im Gesichts-, Hals-, Rücken- oder Brustbereich	50–63 %
Alopezie (androgenetische)	Haarverlust, vor allem entlang des Scheitels, der durch Androgene verursacht ist	16–35 %
Oligomenorrhö	Menstruationszyklen mit einer Dauer von ca. 35–90 Tagen (d.h. 4–9-mal/Jahr)	20–74 %
Amenorrhö	Menstruationszyklen mit einer Dauer von ca. 3–6 Monaten	22–43 %
polyzystische Ovarien	In den Eierstöcken (Ovarien) sind anhand einer Ultraschalluntersuchung zu viele (»poly«) Follikel (Eibläschen) zu sehen	83–97 %

Die Symptome aus dem Bereich »Hormone und Fruchtbarkeit« werden seit jeher als die Kernsymptome des Syndroms betrachtet. Zentraler Dreh- und Angelpunkt vieler dieser Beschwerden ist das hormonelle Ungleichgewicht, allen voran die erhöhten männlichen Hormone. Diese bedingen den übermäßigen Haarwuchs, Haarausfall und unreine Haut mit und führen auch dazu, dass es zu Störungen des Eisprungs und folglich zu längeren Menstruationszyklen kommen kann. Im Blutbefund zeigt sich oft auch noch ein erhöhter Spiegel des luteinisierenden Hormons (LH), der im Vergleich zum follikelstimulierenden Hormon (FSH) deutlich überwiegt. So kommt es zu einem erhöhten LH/FSH-Quotienten. Diese Hormonkonstellation begünstigt, dass in Ihrem Körper übermäßig viele männliche Hormone gebildet werden. Auch das AMH (Anti-Müller-Hormon), dessen Wert zur Einschätzung der Eizellreserve (das sind die im Eierstock noch zur Verfügung stehenden Eizellen) dient, kann bei PCOS oft erhöht sein.

Der Stoffwechsel bei PCOS: Ihre Symptome

Fachbegriff der Ärzte	Das bedeutet...	Anteil der davon betroffenen Frauen mit PCOS
abdominelle/viszerale Fettverteilung	bauchbetontes Übergewicht; Taillenumfang › 88 cm	80 %
Adipositas	Body-Mass-Index ≥ 30	42–80 %
Hypertonie	erhöhter Blutdruck ›140/90 mmHg	9–21 %
Dyslipidämie	Fettstoffwechselstörung, Cholesterin- und/oder Triglyzeride außerhalb des Normalbereichs.	32–46 %
Störungen des Zuckerstoffwechsels		
Insulinresistenz	Verminderte/ausbleibende Wirkung des Hormons Insulin in Geweben. Folgen können erhöhte Insulinspiegel und Diabetes Typ 2 sein.	71–77 %
Vorstufe des Diabetes (Prädiabetes): erhöhter Nüchternblutzucker	Der Blutzucker ist trotz Nüchternheit erhöht (100–125 mg/dl).	5 % (ab einem Wert von ≥110mg/dl)
Vorstufe des Diabetes (Prädiabetes): gestörte Glukosetoleranz	Die Fähigkeit des Körpers, nach einer kohlenhydratreichen Mahlzeit den Blutzucker zu senken, ist vermindert. Feststellbar ist dies anhand eines oralen Glukosetoleranztestes (oGtt), wenn 2 Stunden nach dem Trinken einer Glukoselösung der Blutzucker zwischen 140–199 mg/dl liegt.	keine Schätzung verfügbar
Diabetes mellitus Typ 2	Die Diagnose wird gestellt, wenn an 2 Tagen der Nüchternblutzucker über 126 mg/dl oder der oGtt über 200 mg/dl oder der Langzeitblutzucker (HbA1c) über 6,5 % oder ein zufällig gemessener Blutzuckerwert über 200 mg/dl liegt.	7 %

Es ist kein Zufall, dass Frauen mit PCOS auch öfter übergewichtig sind und einen gestörten Zuckerstoffwechsel (Insulinresistenz, Diabetes usw.) haben. Denn vor allem das bauchbetonte Übergewicht und die Insulinresistenz wirken sich negativ auf die PCOS-typischen Symptome aus dem Bereich »Hormone und Fruchtbarkeit« aus. Suchen Sie mit diesen Symptomen am besten Hilfe bei einem Internisten, Diabetologen und/oder einer Ernährungsfachkraft.

Der Weg zur Diagnose

Das PCO-Syndrom bringt eine lange Reihe verschiedener Beschwerden mit sich. Und trotzdem gibt es kein einziges Symptom, das bei allen betroffenen Frauen auftritt. Vielleicht fragen auch Sie sich deshalb, was das PCO-Syndrom nun eigentlich ausmacht? Nach den aktuellen Richtlinien werden für die Diagnose nur Symptome des Bereiches »Hormone und Fruchtbarkeit« herangezogen. Derzeit wird von Ärzten anhand der sogenannten »Rotterdam-Kriterien« entschieden, ob ein PCO-Syndrom vorliegt oder nicht. Dieses Diagnoseschema umfasst drei Symptome, von denen mindestens zwei zutreffen müssen (siehe Tabelle unten). Da nicht nur das PCOS solche Symptome hervorrufen kann, darf die Diagnose erst gestellt werden, wenn andere Ursachen und Erkrankungen ausgeschlossen wurden. Außerdem kann man das PCOS nicht diagnostizieren, wenn Sie aktuell die Pille nehmen. Denn solange Sie das hormonelle Verhütungsmittel einnehmen, treten viele Symptome des PCOS nicht zutage.

Welcher PCOS-Typ bin ich?

Aufgrund des variablen Diagnoseschemas gibt es nicht nur ein PCO-Syndrom. Je nach Kombination der Rotterdam-Kriterien entsprechen Sie einem von vier Typen des PCO-Syndroms (Seite 156).

Die Rotterdam-Kriterien zur Diagnose des PCOS

Die Rotterdam-Kriterien	So stellt Ihr Arzt das fest
ovulatorische Dysfunktion (Oligo- oder Anovulation)	Bei der ovulatorischen Dysfunktion tritt der Eisprung jeweils verzögert (Oligoovulation) oder gar nicht (Anovulation) auf. Wenn ein Zyklus länger als 35 Tage dauert, gehen Ärzte davon aus, dass eine Störung des Eisprungs vorliegt.
Hyperandrogenämie	Der Überschuss an männlichen Hormonen kann auf zwei Arten festgestellt werden: • **Laborbefund:** erhöhtes Gesamttestosteron oder freies Testosteron und/oder • **äußerlicher Befund:** Akne, Haarverlust oder übermäßiger Haarwuchs nach typisch männlichem Muster
polyzystische Ovarien im Ultraschallbild	Mindestens 25 kleine Follikel (2–9 mm) im Eierstock, mit einem modernen Ultraschallgeräte feststellbar. Der Eierstock kann außerdem vergrößert sein.

Die Diagnose PCOS gilt als gestellt, wenn zumindest zwei dieser drei Kriterien zutreffen und andere Erkrankungen mit ähnlichen Symptomen (z. B. Schilddrüsenerkrankungen) ausgeschlossen wurden.

Die PCOS-Typen

	Klassisches PCOS Typ 1	Klassisches PCOS Typ 2	PCOS mit Eisprüngen	PCOS ohne erhöhte typisch männliche Hormone
Rotterdam-Kriterien:				
Störung des Eisprungs	X	X		X
erhöhte männliche Hormone	X	X	X	
PCO im Ultraschall	x		x	X
Weitere Begleiterscheinungen der PCOS-Typen:				
Gewicht und Bauchumfang	erhöht	erhöht	grenzwertig	normal
freies Testosteron	erhöht	erhöht	erhöht	normal
Hirsutismus	ja	ja	ja	vergleichbar mit Gesunden
Insulin	erhöht	erhöht	erhöht	vergleichbar mit Gesunden
Androgene der Nebenniere (DHEAS)	erhöht im Vergleich zu Gesunden	erhöht im Vergleich zu Gesunden	erhöht im Vergleich zu Gesunden	vergleichbar mit Gesunden

Die meisten Frauen mit PCOS haben entweder mit allen drei Symptomen der Rotterdam-Kriterien zu kämpfen – sie leiden also unter dem klassischen PCOS Typ 1 – oder gehören zu denjenigen, bei denen regelmäßige Eisprünge noch stattfinden (PCOS mit Eisprüngen). Nur eine Minderheit der Frauen mit PCO-Syndrom hat keine nennenswerten Probleme mit erhöhten männlichen Hormonen.

Die größten Einschränkungen der Fruchtbarkeit sowie die größten Probleme mit Übergewicht und einem höheren Insulinspiegel haben die PCOS-Typen 1 und 2. Frauen mit Normalgewicht und unauffälligem Insulinspiegel hingegen haben tendenziell eher mildere PCOS-Formen. Welchem Typ Sie entsprechen, ist nicht für immer festgelegt: Mildere PCOS-Formen können durch einen ungesunden Lebensstil in der Typen-Tabelle nach links rutschen. Und umgekehrt: Frauen mit stärkerer Symptomatik können so manch ein Symptom »loswerden«, wenn sich Gewicht und Insulinspiegel bessern.

Hormone und Fruchtbarkeit beim PCOS

Das PCOS ist eine Erkrankung, bei der einige Systeme des Körpers außer Rand und Band scheinen: die hormonelle Steuerung, der weibliche Zyklus und die Fruchtbarkeit. Aber auch im Stoffwechsel scheint einiges anders zu laufen. Wie kommt es denn nun eigentlich zu den PCOS-typischen Beschwerden? Um dies verständlich zu machen, möchte ich Ihnen zunächst die Wunderwelt der Hormone und des weiblichen Zyklus etwas näherbringen. Im Anschluss gehen wir Schritt für Schritt die Kette aller Symptome des PCOS durch (Seite 162). Das PCO-Syndrom ist allerdings eine ziemlich knifflige Materie. Oft braucht es einige Anläufe, bis man sich in dem Dschungel der Symptome und Begriffe einigermaßen zurechtfindet.

Das Orchester der Hormone

In unserem Körper tummeln sich viele verschiedene Hormone. Hormone können Sie sich als eine Art Boten vorstellen, die Nachrichten oder Aufträge an bestimmte Empfängerorgane übermitteln. Der Hypothalamus im Gehirn hat in der Steuerung dieser Boten eine wichtige Position inne. Er »dirigiert« einige wichtige Boten (Hormone) und bestimmt das Ausmaß, in dem die Botschaften überbracht werden sollen.

Die Hirnanhangsdrüse (Hypophyse) wiederum reagiert auf die hormonelle Botschaft des Hypothalamus. Je nachdem, welche Hormone die Hirnanhangsdrüse vom Hypothalamus empfängt, produziert sie wiederum ihre eigenen Hormone, die sie in die Blutbahn freigibt.

Beim PCO-Syndrom ist die hormonelle Steuerung zwischen Hypothalamus, Hirnanhangsdrüse und dem Eierstock von entscheidender Bedeutung. Denn entlang dieser Achse wird der weibliche Zyklus geregelt (der bei PCOS gestört ist): Der Hypothalamus produziert das Hormon GnRH (Gonadotropin Releasing Hormone). Die Hirnanhangsdrüse reagiert darauf und gibt als Antwort im Verlauf des Zyklus das luteinisierende Hormon (LH) bzw. das follikelstimulierende Hormon (FSH) in variablen Mengen frei. Diese beiden Hormone entfalten wiederum am Eierstock ihre Wirkung.

Der weibliche Zyklus

Der weibliche Zyklus besteht aus zwei verschiedenen Phasen: jene vor und jene nach dem Eisprung. Gerne spricht man auch von Zyklushälften, da beide Phasen im Normalfall in etwa gleich lange dauern. Bei PCOS ist das allerdings nicht immer der Fall.

1. Phase: die Eireifungsphase

In der ersten Zyklusphase ist das Follikelstimulierende Hormon (FSH) von großer Bedeutung. Wie der Name schon sagt, sorgt das Hormon dafür, dass im Eierstock gleich mehrere Follikel (Eibläschen) heranreifen, die je eine Eizelle enthalten. Richtig, in jedem Zyklus reifen gleich mehrere Follikel, also auch mehrere Eizellen, heran – obwohl es ja nur eine Eizelle bis zum Eisprung schaffen soll! In den wachsenden Follikeln wird nun vermehrt das weibliche Hormon Östrogen gebildet, wodurch der Östrogenspiegel im Verlauf der ersten Zyklushälfte ansteigt und dafür sorgt, dass sich die Gebärmutterschleimhaut aufbaut – denn nur in einer gut aufgebauten Schleimhaut kann sich eine befruchtete Eizelle einnisten. Unter den Follikeln setzt sich schließlich ein »dominanter Follikel« durch, der sich weiterentwickeln darf, bis die Eizelle darin reif ist, zu springen. Alle anderen bilden sich wieder zurück.

Eisprung. Durch den erhöhten Östrogenspiegel reagiert die Hirnanhangsdrüse mit einer Ausschüttung von Hormonen: Es kommt zu einem kurzen, sehr starken Anstieg von LH und einem kleinen FSH-Gipfel. So wird der Eisprung ausgelöst. Das Ei verlässt den Eierstock und wird in den Eileiter abgegeben, um dort befruchtet werden zu können.

2.Phase: die Gelbkörperphase

Nach dem Eisprung beginnt die zweite Zyklushälfte – die Gelbkörperphase. Das

Eibläschen, in dem sich die Eizelle befand, fällt zusammen und produziert Progesteron (Gelbkörperhormon). Falls die Eizelle nicht befruchtet wurde, bildet sich der Gelbkörper einige Tage danach wieder zurück. Die Progesteron- und Östrogenspiegel fallen ab, die Gebärmutterschleimhaut wird abgestoßen, die Periodenblutung setzt ein und ein neuer Zyklus beginnt.

Der Zyklus bei PCOS

Beim PCO-Syndrom besteht der Zyklus im Grunde auch aus zwei Phasen – vorausgesetzt, es findet ein Eisprung statt. Jedoch sind die beiden Zyklushälften dann meist nicht gleich lang. Die erste Hälfte (Eireifungsphase) kann sich enorm verlängern. Bei PCOS kann es aber auch zu Zyklen ohne Eisprung und Gelbkörperphase kommen, in denen nur eine lange, unvollständige Eireifungsphase vorliegt (Abb. unten).

Sie sehen, dass sich die Hormone im Verlauf des Zyklus niemals in einem stabilen Gleichgewicht befinden. Es handelt sich eher um ein dynamisches Wechselspiel. Verschiebt sich allerdings die Konzentration einzelner Hormone zu stark, kann die so sensible Steuerung des Zyklus und der Fruchtbarkeit aus dem Ruder laufen. Bei PCOS ist beispielsweise das Verhältnis zwischen männlichen und weiblichen Hormonen verändert.

Hormone: typisch männlich, typisch weiblich?

Dass Testosteron nur zum Mann gehört und Östrogen nur bei Frauen etwas zu suchen hat, denken viele. Aber so einfach ist das

Vorgänge im Eierstock bei einem gesunden Zyklus (links) und bei PCOS (rechts)

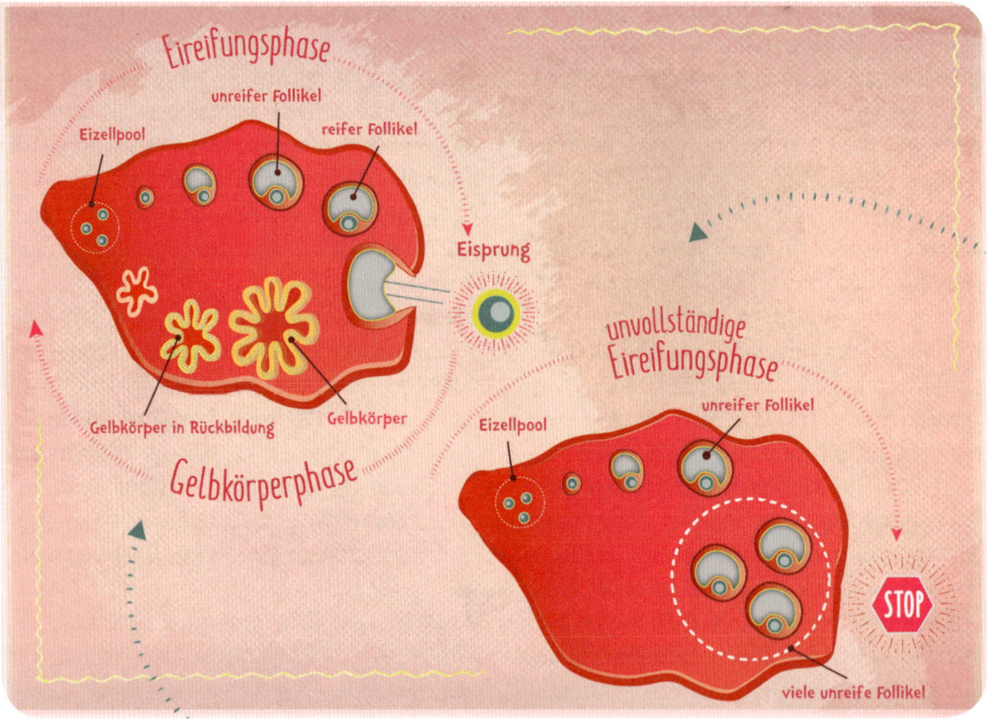

nicht. Denn in Wirklichkeit benötigen auch Männer typisch weibliche und Frauen auch typisch männliche Geschlechtshormone. Lediglich die Konzentrationen dieser Geschlechtshormone sind bei Frauen und Männern unterschiedlich. So wirken sie an der Ausbildung der typischen Geschlechtsmerkmale mit und halten deren Funktion am Laufen.

Entscheidend ist das richtige Verhältnis zwischen weiblichen und männlichen Hormonen. Bei der Frau sind beide Hormonklassen für die Reifung der Follikel wichtig. Produziert der Eierstock in normalem Ausmaß männliche Hormone, fördert das sogar Wachstum und Entwicklung der Follikel. Ein Überschuss an männlichen Hormonen kann den Eisprung allerdings behindern.

Die männlichen Geschlechtshormone werden bei der Frau hauptsächlich im Eierstock und in den Nebennieren gebildet. Beide Organe tun dies dann, wenn die Hirnanhangsdrüse sie mit den entsprechenden Hormonen dazu anregt (im Falle des Eierstocks mit dem Hormon LH).

Es spielt jedoch nicht nur eine Rolle, wie viel männliche Hormone im Blut vorliegen, sondern auch, wie viele dieser Hormone ihre Wirkung entfalten können. Denn nur ein kleiner Teil der Geschlechtshormone liegt frei vor und kann wirken. So bindet z.B. das Transportprotein SHBG (sexualhormonbindendes Globulin) Hormone und hindert sie daran, ihre Nachricht an Organe zu überbringen. Die Bedeutung von SHBG ist für Sie als Frau mit PCOS also enorm!

Das sexualhormonbindende Globulin (SHBG): Wie viel SHBG Sie haben, bestimmt mit, wie viel bestimmter Hormone, wie Testosteron oder DHT, frei und wie viel gebunden vorliegen. Ihr SHGB-Spiegel sollte ausreichend hoch sein. Leider ist das bei PCOS oft nicht der Fall, d.h. im Verhältnis können mehr männliche Hormone (also Testosteron und DHT) wirken und für weitere Beschwerden sorgen.

Geschlechtshormone: Entscheidend ist das richtige Verhältnis

Das sind typisch männliche Hormone (Androgene):
Testosteron, Dihydrotestosteron (DHT), Androstendion, Dehydroepiandrosteron (DHEA), DHEAS
Das sind typisch weibliche Hormone:
Östrogene:
Östradiol, Öströn, Östriol
Gestagene:
Progesteron

Der SHBG-Spiegel steigt durch Östrogene an. Unterdrückt wird er hingegen durch typisch männliche Hormone, Insulinresistenz, Adipositas, Schilddrüsenunterfunktion und bei Übergewicht auch durch übermäßigen Zuckerkonsum.

Der freie Androgenindex (FAI): Der FAI setzt die Spiegel von Testosteron und SHBG in Beziehung. Wenn zu wenig SHBG vorhanden ist, kann nicht ausreichend Testosteron gebunden (und damit unwirksam gemacht) werden. Das überschüssige, ungebundene, Testosteron kann dann seine unerwünschte Wirkung frei entfalten.

Wie Ihr Arzt das PCO-Syndrom behandelt

Hormon-Balance in Sicht: Außer einer gezielten Ernährungstherapie und Bewegung können zusätzlich Medikamente für eine Linderung der Symptome bei PCOS sorgen.

Wenn auch die Ursachen dieser rätselhaften Krankheit bis heute noch nicht vollständig erforscht werden konnten und PCOS deshalb nicht wirklich ursächlich heilbar ist, kann Ihre Ärztin bzw. Ihr Arzt doch die Symptome Ihrer Erkrankung recht gut behandeln – selbst, wenn sie oder er dafür auch schon mal tief in die »Trickkiste« greifen muss. Denn je nachdem, welche Symptome Sie belasten, können unterschiedliche Substanzen für Linderung sorgen. In erster Linie wird die ärztliche Behandlungsstrategie aber davon abhängig sein, ob Sie sich im Moment ein Kind wünschen (Seite 20) oder nicht.

Steht ein Kind noch nicht ganz oben auf der Wunschliste, kommt die Basistherapie zum Tragen. Ein kurzer Überblick über die Möglichkeiten der medikamentösen Behandlung kann vor dem ersten Arztbesuch hilfreich sein:

Das Mittel der ersten Wahl: »die Pille«

Gynäkologen verschreiben bei PCOS sehr gerne hormonelle Verhütungsmittel wie »die Pille«, das Hormonpflaster oder auch den Vaginalring. Der Effekt hierbei ist, dass der durch das PCO-Syndrom fehlgesteuerte Eierstock in seiner Tätigkeit unterdrückt wird: Verlängerte Zyklen werden so von kalkulierbaren Abbruchsblutungen abgelöst. Die Gebärmutterschleimhaut blutet regelmäßig ab und ist nicht mehr in Gefahr, zu verdicken. Antiandrogene Komponenten in der Pille (z. B. Cyproteronacetat) verbessern außerdem PCOS-Symptome wie Akne oder verstärkte Körperbehaarung. Dies ist für die Betroffenen natürlich eine große Erleichterung und verbessert die Lebensqualität entscheidend!

Da hormonelle Verhütungsmittel allerdings auch Risiken bergen (z. B. für Thrombosen), müssen andere Risikofaktoren wie fortgeschrittenes Alter und Rauchen sowie Erkrankungen wie Adipositas, Bluthochdruck, Fettstoffwechselstörungen, Depression und Diabetes vorab bei der Verschreibung dieser Mittel berücksichtigt werden. Und: Sobald Sie die Pille absetzen, werden Ihre alten Symptome wohl zurückkehren. Bei vielen Frauen mit PCOS benötigt der Körper nach langer Einnahme der Pille einige Zeit, um den körpereigenen Zyklus wieder »in Gang zu setzen«. Das kann für Frauen, die die Pille wegen ihres Kinderwunsches absetzen, zur Belastung werden. Andere Frauen hingegen können sogar von einer kurzen, zwischenzeitlichen Einnahme der Pille profitieren, da sich ihr Zyklus und ihr Hormonprofil im Anschluss verbessern. Lassen Sie sich von Ihrem Gynäkologen beraten!

Weitere antiandrogene Wirkstoffe

Neben Cyproteronacetat können auch die Substanzen Spironolacton und Flutamid eingesetzt werden. Letztere verdrängen die unerwünschten Hormone von deren Rezeptoren. Der Wirkstoff Finasterid sorgt dafür, dass bereits bestehendes Testosteron nicht auch noch in das noch wirksamere 5-alpha-DHT umgewandelt wird. Verschreibt Ihr Arzt eines dieser Mittel, müssen Sie unbedingt zusätzlich sicher verhüten. Falls Ihre Nebennieren allerdings für erhöhte Androgene sorgen, können auch niedrig dosierte Kortisonpräparate herangezogen werden, da diese die entsprechende Hormonproduktion wieder etwas eindämmen können.

Bei Bedarf unterstützend: Metformin

Sie haben Diabetes oder befinden sich in einem Vorstadium der Zuckerkrankheit? Mit viel Bewegung und gesunder Ernährung konnten Sie Ihren Insulin- und Blutzuckerhaushalt aber bisher noch nicht ausreichend in den Griff bekommen? Dann kann die Wahl Ihres Arztes auch auf Metformin fallen. Das Medikament wirkt auf den Stoffwechsel und entfaltet dann indirekt seine Wirkung auf die Hormonsteuerung. Es hilft also in Bezug auf Gewichtsabnahme (allerdings nur mit geringem Effekt!), Insulinspiegel, Zyklusregelmäßigkeit und Eisprünge, ist aber wahrscheinlich weniger wirksam als eine Lebensstiländerung.

Was ist die Ursache für PCOS?

Nach heutigem Stand der Wissenschaft können viele Faktoren zur Entstehung des PCOS beitragen, sowohl genetische als auch Umweltaspekte. Die Neigung zu polyzystischen Ovarien, erhöhten Androgenen oder Insulinresistenz kann durchaus erblich bedingt sein. Frauen mit PCOS haben oft Mütter und Schwestern, die ebenso davon betroffen sind. Auch das metabolische Syndrom liegt häufig in der Familie. PCOS kann sogar bereits im Mutterleib durch ein erhöhtes Anti-Müller-Hormon (AMH) oder typisch männliche Hormone der Mutter das Kind prägen.

Helfer »vor Ort« bei unerwünschtem Haarwuchs oder Akne

Bei Hirsutismus, d. h. unerwünschtem Körperhaarwuchs, kann neben den gängigen Haarentfernungsmethoden auch die Einnahme der »Pille« als Mittel infrage kommen. Auch Laserbehandlungen oder die Elektrolyse für die dauerhafte Haarentfernung sind erwiesenermaßen wirksam. Für die lokale Behandlung im Gesicht kann auch eine Creme mit dem Wirkstoff Eflornitin aufgetragen werden, der das Haarwachstum verlangsamt. Als Mittel gegen den androgenbedingten Haarausfall kann der Wirkstoff Minoxidil eingesetzt werden, hierbei wird die Lösung direkt auf die Kopfhaut aufgetragen. Und gegen Akne stehen Ihnen die vielfältigen Substanzen der dermatologischen Therapie zur Verfügung, wobei Sie der Hautarzt am besten berät.

Wie Ihre Symptome entstehen

Sie haben nun einen kleinen Einblick erhalten, wie Hormone, Zyklus und Fruchtbarkeit normalerweise reguliert werden. Beim PCO-Syndrom ist in dieser Hinsicht einiges aus dem Ruder gelaufen. Nun werden Sie erfahren, wie es dazu kommt, dass Sie sich mit einigen lästigen Symptomen des PCOS herumschlagen müssen. Damit Sie sich besser zurechtfinden und auch schnell die wichtigsten Infos bei Bedarf wieder nachlesen können, sind im Folgenden die typischen Symptome des Syndroms bei der erstmaligen Nennung und Erklärung fett hervorgehoben.

Bei PCOS beobachtet man, dass der Hypothalamus im Gehirn das Hormon GnRH zu schnell ausschüttet. Dadurch wird der Hirnanhangsdrüse das Signal vermittelt, mehr Luteinisierendes Hormon (LH) auszuschütten. Im Vergleich zum Follikelstimulierenden Hormon (FSH) liegt nun **übermäßig viel LH** vor. Im Blutbefund ist deshalb der **LH/FSH-Quotient** erhöht. Der Eierstock

So entsteht PCOS

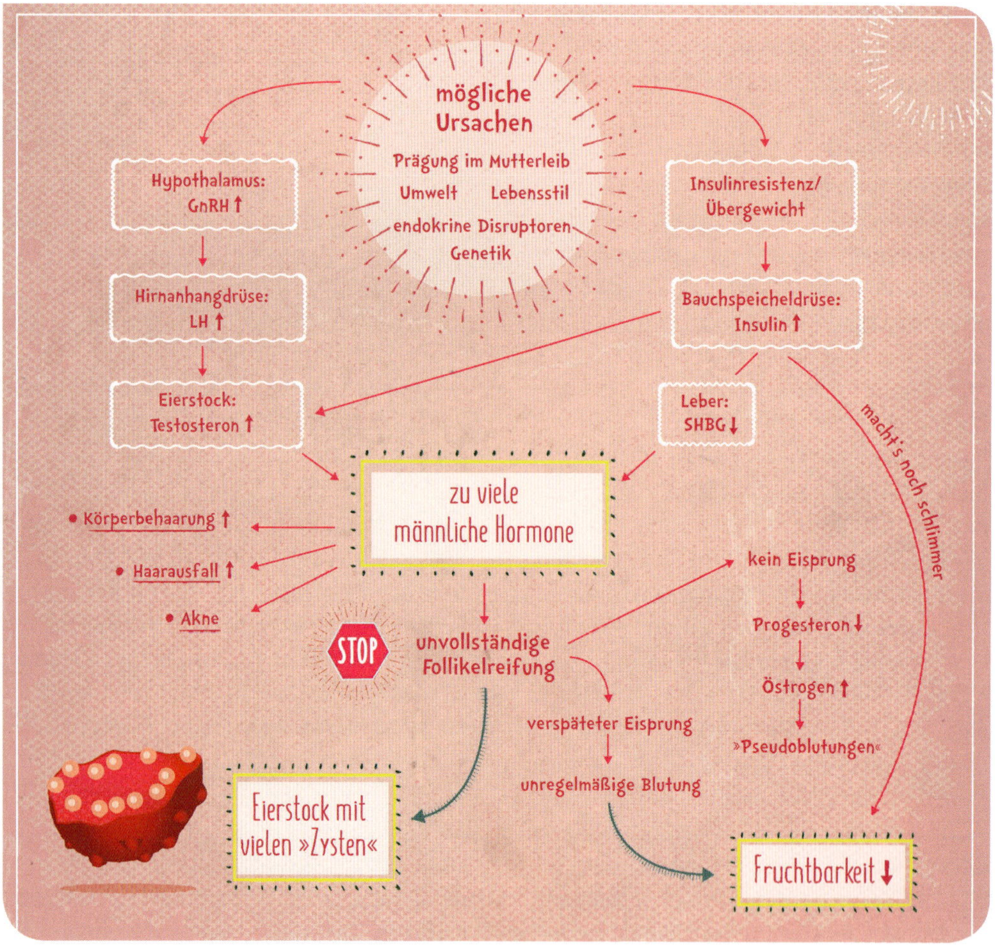

reagiert auf das Signal von LH besonders sensibel und bildet aufgrund des hohen LH-Spiegels **vermehrt typisch männliche Geschlechtshormone**.

Zusätzlich haben viele Frauen auch noch (bauchbetontes) **Übergewicht** und/oder es wird eine **Insulinresistenz** festgestellt. Beides kann bewirken, dass der **Insulinspiegel erhöht** ist. Diese Faktoren tragen dazu bei, dass in der Leber **weniger sexualhormonbindendes Globulin (SHBG)** gebildet wird. SHBG sollte die typisch männlichen Hormone eigentlich binden und unwirksam machen. Nun, da zu wenig SHBG und zu viel männliche Hormone vorliegen, können auch mehr männliche Hormone wirken. Im Blutbefund ist der **freie Androgenindex (FAI) erhöht.**

Die erhöhten typisch männlichen Hormone machen sich äußerlich vor allem an Haut und Haaren bemerkbar. So kann es zu **unreiner Haut** und **Akne** kommen. Der Überschuss an männlichen Hormonen führt auch dazu, dass sich Haare auf einmal nicht mehr dort befinden, wo sie eigentlich sein sollten: Es kommt zu **Haarverlust am Kopf**, meist im Scheitelbereich. Bei stark erhöhten männlichen Hormonen kann sich der Haaransatz nach hinten verlagern und auch an den Schläfen kann es zu Haarverlust kommen.

Statt der Haarpracht am Kopf tritt diese nun leider vermehrt an für Frauen untypischen Stellen auf (siehe Kasten). Tritt eine solch **vermehrte Behaarung** bei Frauen aufgrund erhöhter männlicher Hormone auf, spricht man von **Hirsutismus**.

Durch den Überschuss an männlichen Hormonen kippt auch die hormonelle Balance im Eierstock. Die kleinen Follikel wachsen übermäßig, aber die Reifung kommt schließlich zum Erliegen. Hohe LH- und Insulinspiegel sind für diesen Stillstand mitverantwortlich. Darüber hinaus werden in den Follikeln des Eierstocks nun Androgene, also männliche Hormone, mit Vorliebe in eines der am stärksten wirksamen Testosterone, nämlich Dihydrotestosteron (DHT), umgewandelt. Damit der Eisprung stattfinden kann, muss die Bildung von Androgenen und Östrogenen richtig aufeinander abgestimmt sein. Passiert dies nicht richtig, kann im Endeffekt kein dominanter Follikel ausgewählt werden – der **Eisprung verzögert** sich oder findet gar nicht statt.

Haarwuchs am Körper: Was ist eigentlich »normal«?

Auch wenn das aktuell geltende Schönheitsideal möglichst unbehaarte Haut vorsieht: Körperbehaarung ist ganz normal. Ob Ihre Behaarung aber übermäßig stark nach männlichem Muster ausgeprägt ist, lässt sich anhand des »Ferriman-Gallwey-Score« einschätzen. Nach dieser Methode wird der Haarwuchs an bestimmten Körperstellen beurteilt. Der Punktwert (Score) legt für jede Körperstelle genaue Kriterien der Behaarung fest, nach der die Punktevergabe erfolgt. Je stärker der Haarwuchs dort, desto mehr Punkte werden pro Bereich vergeben (je 0–4 Punkte). Ab insgesamt 8 Punkten für alle Bereiche zusammen spricht man von Hirsutismus.

Die vielen herangewachsenen Follikel bleiben nun im Eierstock. Dadurch nimmt der Eierstock nicht nur an Größe zu, es entsteht auch das typische Ultraschallbild eines Eierstocks, der nur so von »Zysten« übersät ist: die sogenannten **polyzystischen Ovarien**. Diese Zysten sind allerdings keine Zysten. Es sind die vergrößerten Follikel, die sich wie eine Perlenkette am Rand des Eierstocks aneinanderreihen (siehe Abb.).

Da die erste Phase des Zyklus (Eireifungsphase) gestört ist, verlängert sich der Zyklus. Der Eisprung verspätet sich oder er findet gar nicht statt. Dadurch ergeben sich dann auch etwaige Schwierigkeiten, schwanger zu werden. Übergewicht und ein erhöhter Insulinspiegel können die **Fruchtbarkeit zusätzlich vermindern.** Da ohne Eisprung auch kein Gelbkörper gebildet wird, fehlt Progesteron und somit auch der Gegenspieler zu Östrogen. Die zweite Zyklusphase entfällt zwar, trotzdem kann es in einem solchen Zyklus zu Blutungen kommen, die allerdings keine echten Regelblutungen sind und nur unregelmäßig auftreten. Sie können also bei PCOS Blutungen haben, ohne dass zuvor ein Eisprung stattgefunden haben muss.

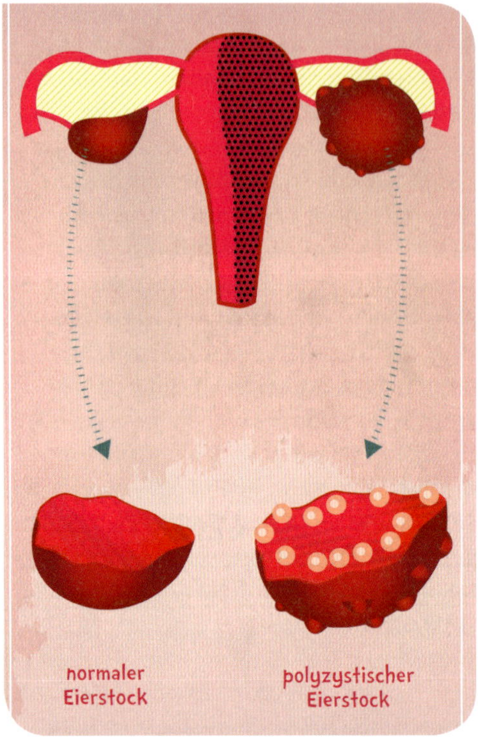

Vergrößerter polyzystischer Eierstock: viele »Follikelzysten«, die sich wie eine Perlenkette aneinanderreihen

Der PCOS-Stoffwechsel

Die Zeiten sind vorbei, in denen das PCO-Syndrom ausschließlich als Störung der Eierstöcke betrachtet wurde. Die Zyklusunregelmäßigkeiten, fehlenden Eisprünge und hormonellen Abweichungen stehen zwar immer noch im Zentrum der Erkrankung, mittlerweile hat man aber auch erkannt, dass es kein Zufall ist, dass sich gerade Frauen mit PCOS oft auch mit Stoffwechselproblemen herumschlagen müssen. So leiden PCOS-Patientinnen im Schnitt deutlich häufiger als gesunde Frauen an bauchbetontem Übergewicht bzw. Adipositas. Auch Insulinresistenz, erhöhte Insulinspiegel und Diabetes treten bei ihnen öfter als sonst auf.

Diese lästigen Begleiterkrankungen sind aber nicht einfach nur unerwünschte Zugabe zu Ihren hormonellen und gynäkologischen Symptomen. Nein, sie halten sogar den negativen Teufelskreis des PCOS mit am Laufen! Je höher Ihr Gewicht und je stärker die Insulinresistenz, desto stärker entwickeln sich auch Ihr hormonelles Ungleichgewicht und die daraus resultierenden Beschwerden. Wenn Sie stark übergewichtig sind, dann spielt Ihr Gewicht sogar eine der Hauptrollen im Theaterstück des PCO-Syndroms – andere Mitspieler treten dann in den Hintergrund. Es gibt eindeutige Hinweise dafür, dass hohe Testosteronspiegel und fehlende Eisprünge in diesem Fall sogar hauptsächlich auf hohes Gewicht und Insulinresistenz zurückzuführen sind. Unterschätzen Sie den Einfluss Ihres Fettgewebes und der Insulinresistenz also nicht!

Hormonfabrik Fettgewebe

Leider ist Ihr Fettgewebe nicht einfach nur Speicherort für überschüssige Energie und Notnagel für schlechte Zeiten. Unliebsame Fettpolster sind auch an Ihrer Hormonproduktion beteiligt und stellen unerwünschte Botenstoffe her. Wussten Sie, dass das Fettgewebe flächenmäßig sogar eines der größten hormonproduzierenden Organe Ihres Körpers ist?

Da Sie dank Ihres PCOS ohnehin mit einem hormonellen Ungleichgewicht zu kämpfen haben, sollten Sie wissen, dass Ihr Fettgewebe diese Wirkung noch verstärken kann. In ihm tummeln sich nämlich einige Enzyme, die an der Bildung von Geschlechtshormonen beteiligt sind und verschiedene Hormone in andere umwandeln. So kann es sein, dass das Fettgewebe aus bestehenden Androgenen wie Androstendion oder Testosteron Östrogene bildet, aber auch die Umwandlung von Testosteron in das noch stärker wirksame Androgen Dihydrotestosteron ist möglich.

Nicht jedes Fettgewebe produziert gleichermaßen weibliche und männliche Hormone

Wenn Sie, wie viele Frauen mit PCOS, besonders viel Bauchfett bei sich feststellen, sollten Sie wissen, dass diese Art von Übergewicht zu einer übermäßigen Herstellung von männlichen Hormonen führt, die Ihre PCOS-Symptome verstärken. Der »Rettungsring« am Bauch ist auch deshalb so tückisch, weil dort entzündungsfördernde Botenstoffe gebildet werden, die zu einer leichten chronischen Entzündung im Körper beitragen. Über diesen Mechanismus wird oft der Weg zur Insulinresistenz bereitet. Dies hat zur Folge, dass mehr Insulin produziert wird, was wiederum die erhöhte Bildung von männlichen Hormonen im Eierstock anheizt.

Zu viel Fettgewebe kann auch über das Hormon Leptin der Fruchtbarkeit schaden. Dieser Bote aus dem Fettgewebe spielt seine Hauptrolle sonst zwar als natürlicher »Appetitzügler«, doch auch der Eierstock weist Rezeptoren für Leptin auf. Zu hohes Leptin aufgrund von zu viel Fettgewebe kann die Follikelentwicklung hemmen. Aus diesem Grund sollten Sie und Ihr Arzt ein Auge darauf werfen, ob zu viel (bauchbetontes) Fettgewebe Ihrer Gesundheit im Wege steht. Dazu messen Sie Ihren Body-Mass-Index und am besten auch noch Ihren Bauchumfang.

Der Body-Mass-Index (BMI)

Der Body-Mass-Index (BMI) gibt Auskunft darüber, ob Ihr Gewicht entsprechend Ihrer Körpergröße in Ordnung ist. Je kleiner Sie sind, desto geringer sollte auch Ihr Gewicht sein und umgekehrt. Den BMI können Sie so berechnen:

$$\text{BMI} = \frac{\text{Köpergewicht in kg}}{\text{Größe in m x Größe in m}}$$

Anhand Ihres errechneten BMI können Sie überprüfen, ob Ihr Ergebnis in die Kategorie Unter-, Normal- oder Übergewicht bzw. Adipositas fällt.

Ab einem BMI über 30 geht man davon aus, dass Ihr Gewicht zur Erhöhung der typisch männlichen Hormone in Ihrem Körper wesentlich beiträgt und Ihr Risiko für weitere Stoffwechselerkrankungen erhöht ist. Besonders stark ist der Effekt allerdings dann, wenn Ihr Übergewicht bauchbetont ist – nur erfasst der BMI dies leider nicht. Er berücksichtigt zwar das Körpergewicht, aber nicht, wie sich dieses zusammensetzt. Gerade bei PCOS und für die hormonelle Situation ist es aber von Bedeutung, ob Ihre Fettreserven eher als »Hüftgold« oder als »Bauchspeck« angelegt sind. Denn selbst mit normalem BMI können Sie eine ungünstige Körperzusammensetzung haben.

Die »Apfel-« und die »Birnenform«

Nicht nur Ihr Gewicht, sondern auch Ihre Körperform entscheidet über Ihre Gesundheit und Fruchtbarkeit mit! Es ist kein Zufall, dass Männer häufiger zur sogenannten »Apfelform« des Übergewichts neigen. Gesunde Frauen tendieren eher zur sogenannten »Birnenform«. Geschlechtshormone beeinflussen Fettgewebe und umgekehrt. Finden Sie heraus, ob Sie eher dem Apfel- oder Birnentyp entsprechen!

Der Apfeltyp: Ihr Übergewicht ist vor allem bauchbetont? Ihre Körperform gleicht in der Mitte einem Apfel, während Beine, Hüfte und Po schlanker sind? Dann entsprechen Sie wohl dem Apfeltyp! Leider lagert Ihr Körper überschüssiges Fett hauptsächlich im Bauchraum, zwischen den Organen ein. Ihr Bauchumfang ist deswegen erhöht. Das steht mit einigen Gesundheitsrisiken wie Insulinresistenz, Diabetes und Herz-Kreislauf-Erkrankungen, aber auch mit erhöhten männlichen Hormonen in Verbindung.

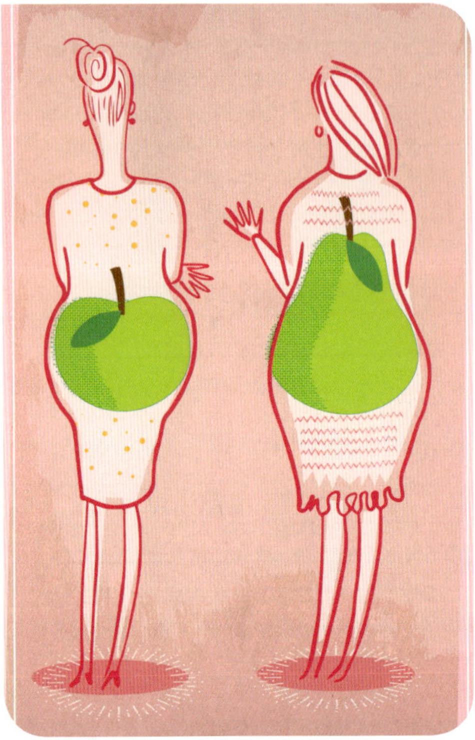

Apfel- oder Birnentyp?

Der Birnentyp: Ihre Fettpolster befinden sich eher an der Hüfte und am Po? Ihre Körperform gleicht eher einer Birne? Dann entsprechen Sie wohl dem Birnentyp! Wahrscheinlich tragen Sie weit weniger gesundheitsschädliches Bauchfett mit sich, haben dafür aber möglicherweise mehr Unterhautfettgewebe. Der Birnentyp entspricht der idealen Körperform für die Frau. Nicht umsonst gelten breite Hüften und eine schlanke Mitte als Fruchtbarkeitszeichen. Nun wissen Sie auch, warum!

Der Fettgewebe-Check

Nehmen Sie ein Maßband zur Hand. Damit können Sie Ihren Körperbau relativ einfach einschätzen und erkennen, ob Ihr Körperfett ideal (insbesondere im Bauchbereich) ver-

Der Body-Mass-Index

Kategorie	BMI-Bereich
Untergewicht	< 20
Normalgewicht	20 – 25
Übergewicht	25 – 30
Adipositas	≥ 30

Der Bauchumfang

Bauchumfang	gesundheitliches Risiko
≤ 80 cm	gering
81–88 cm	erhöht
>88 cm	hoch

teilt ist. Bauchumfang und Taille-Hüft-Verhältnis können Sie ganz einfach zu Hause ermitteln. Diese Maßzahlen sind bei PCOS aussagekräftiger als die Zahl auf Ihrer Waage – gerade auch, wenn Sie abnehmen möchten.

Der Bauchumfang. Finden Sie zuerst Ihre Mitte: Tasten Sie, wo sich Ihr unterster Rippenbogen und das obere Ende Ihres Hüftknochens (Beckenkamm) befinden. Legen Sie das Maßband nun auf halbem Weg zwischen diesen beiden Punkten an und führen Sie es waagerecht um Ihren Bauch herum. Atmen Sie dabei leicht aus und messen Sie den Umfang. Führen Sie Ihre Messung am besten morgens, noch vor dem Frühstück durch! Je größer Ihr Bauchumfang, desto höher ist das Risiko für Ihre Gesundheit.

Das Taille-Hüft-Verhältnis. Damit Sie Ihr Taillen-Hüft-Verhältnis berechnen können, müssen Sie zuerst die entsprechenden Umfänge kennen. Messen Sie Ihren Hüftumfang an der breitesten Stelle der Hüfte. Der Taillenumfang entspricht dem Bauchumfang.

$$\text{Taille-Hüft-Verhältnis} = \frac{\text{Taillenumfang}}{\text{Hüftumfang in cm}}$$

Idealerweise sollte das Taille-Hüft-Verhältnis bei Frauen kleiner als 0,85 sein. Ist es bei Ihnen größer und Sie haben auch einen niedrigen SHBG-Wert (Seite 159)? Wenn Sie Ihr Taille-Hüft-Verhältnis wieder verbessern, steigt auch das SHBG wieder und verbessert so Ihr hormonelles Gleichgewicht.

Die inneren Werte zählen!
Sie möchten genau wissen, wie viel Muskulatur, Wasser oder Fett Sie wirklich in sich tragen? Dann lassen Sie doch einmal von einer Fachkraft eine Bio-Impedanz-Analyse (BIA) durchführen. Ideal sind solche Messungen im Verlauf Ihres Ernährungs- und Sportprogramms. So müssen Sie sich von der Waage nicht mehr in die Irre führen lassen und sehen (gerade bei Gewichtsstillstand), was wirklich passiert. Körperfettwaagen sind hingegen kaum von Nutzen, da sie die Zusammensetzung des ganzen Körpers nicht präzise erfassen können. Aus diesem Grund sind sie auch für die Verlaufskontrolle wenig nützlich!

Insulinresistenz

Beim PCO-Syndrom ist u. a. das Thema Insulinresistenz von entscheidender Bedeutung. Bei fast zwei von drei Frauen mit PCOS lässt sich diese Störung feststellen. Insgesamt tritt sie bei PCOS weitaus häufiger auf als bei gesunden Frauen. Aber warum ist das so?

Jeder, der übergewichtig ist – besonders im Bauchbereich –, hat ein hohes Risiko, eine Insulinresistenz zu entwickeln. Besteht eine Insulinresistenz bereits, dann wird diese durch zu viel Körperfett noch verstärkt. Doch unabhängig davon, wie viel Sie wiegen, ist allein die Tatsache, dass Sie PCOS haben, ein Risikofaktor für die Entstehung der Insulinresistenz! Das heißt, Sie sind mit PCOS leider auch nicht vor der Insulinresistenz gefeit, wenn Sie normalgewichtig sind. Selbst unter den schlanken Frauen mit PCOS hat immer noch jede zweite damit zu kämpfen. Wenn nun aber Übergewicht bzw. eine bauchbetonte Körperfettverteilung in Kombination mit dem PCO-Syndrom auftritt, wird eine Insulinresistenz mit sehr hoher Wahrscheinlichkeit festzustellen sein!

Für Ihr PCO-Syndrom ist diese Störung deswegen so relevant, da sie auf verschiedene Arten Zyklus, Fruchtbarkeit und Hormone negativ beeinflusst. Dafür muss man erst einmal wissen, was es bedeutet, insulinresistent zu sein. Deshalb hier ein kleiner Exkurs in die Blutzuckerregulation, für die das Hormon Insulin eine wichtige Rolle spielt.

Insulin: Steuerungshormon des Blutzuckers

Die Bauchspeicheldrüse ist die Wächterin über den Blutzuckerspiegel. Sie sorgt dafür, dass weder zu wenig noch zu viel Zucker im Blut vorliegt. Beides würde zu Problemen oder gar Schäden führen. Also reguliert die Bauchspeicheldrüse den Blutzucker, indem sie je nach Bedarf zwei unterschiedliche Hormone ins Blut abgibt: Insulin und Glukagon.

Wenn der Blutzuckerspiegel ansteigt oder bereits zu hoch ist, schüttet die Bauchspeicheldrüse Insulin aus. Insulin gelangt dann zur Zelle und sorgt vor Ort dafür, dass der Zucker aus dem Blut in die Zelle aufgenommen wird. Dadurch sinkt der Blutzucker und die Zelle erhält die benötigte Energie in Form von Zucker. Wunderbar!

Wenn der Blutzucker zu niedrig wird bzw. Zuckermangel herrscht, dann hat die Bauchspeicheldrüse als Ausgleich die Glukagon-Boten in petto. Glukagon bewirkt, dass die Leber neuen Zucker herstellt und den dort gespeicherten Zucker wieder ins Blut freigibt.

Wenn die Zellen die Botschaft von Insulin richtig verstehen und auch umsetzen können, dann sind sie insulinsensitiv. Das bedeutet, dass sie empfindlich auf die Botschaft des Insulins reagieren. Bei der Insulinresistenz hingegen sind die Zellen unempfindlich gegen Insulin geworden und reagieren nicht oder nur vermindert mit der Aufnahme von Zucker.

Was bei Insulinresistenz im Körper passiert
Auf den Zellen Ihres Körpers befinden sich Insulin-Rezeptoren, die Sie sich wie Türklingeln vorstellen können. Der Bote Insulin betätigt nun an der Zelle die Türklingel (d. h. er dockt an den Rezeptor an). Denn Insulin möchte der Zelle gerne die Botschaft vermitteln, dass nun Zucker aus dem Blut aufgenommen werden soll. Hat Insulin der Zelle erst einmal das Signal erteilt, formen einige Moleküle in der Zelle eine Art Kaskade. Die Botschaft wird von diesen Molekülen nach dem Stille-Post-Prinzip ins Zellinnere weitergegeben. Wird die Botschaft richtig übermittelt und verstanden, sendet die Zelle einen Zuckertransporter an die Zelloberfläche. Dieser schleust den Zucker dann ein.

Bei der Insulinresistenz sind die Zellen gegen das Signal von Insulin allerdings resistent (geworden). Das bedeutet, dass das Signal des Boten Insulin in der Zelle nicht richtig verstanden wird und der Zucker damit nicht mehr so einfach in die Zelle gelangen kann.

Um die verminderte Sensitivität der Zellen zu kompensieren, sendet die Bauchspeicheldrüse noch mehr Insulin-Boten aus, um den Blutzucker wieder effektiv zu senken. Stellen Sie es sich so vor, als müssten viele Insulin-Boten die Klingel der Zelle betätigen, damit sich die Eintrittspforte der Zelle zumindest einen Spalt weit öffnet. Der Zucker gelangt dann zwar noch in die Zelle, aber erschwert. Obwohl eine Störung vorliegt, kann der Blutzucker bei der Insulinresistenz noch normal hoch sein. Das ist fatal, denn so bleibt die Insulinresistenz oft unerkannt.

Die Insulinresistenz kann eine ganze Reihe weiterer Stoffwechselkrankheiten nach sich ziehen. Deshalb ist es wichtig, ihr möglichst vorzubeugen!

Die Folgen für Ihren Stoffwechsel

Mit der Zeit erschöpft die Bauchspeicheldrüse und produziert immer weniger Insulin. Das verheißt aber nichts Gutes! Denn das Grundproblem, dass die Zellen gegen Insulin resistent sind, ist dadurch ja nicht behoben. Sinkt nun der Insulinspiegel, kann der Blutzucker auch nicht mehr ausreichend gesenkt werden. Das hat zur Folge, dass der Blutzucker nach Mahlzeiten immer schlechter gesenkt werden kann (Glukoseintoleranz), was im Endeffekt zu Diabetes führt. Die Entwicklung der oft noch unbemerkten Insulinresistenz bis hin zum Diabetes scheint sich bei Frauen mit PCOS schneller zu vollziehen als bei gesunden Frauen. Auch in der Schwangerschaft kommt es bei PCOS gehäuft zu Schwangerschaftsdiabetes mit Folgen für Mutter und Kind. Auf lange Sicht stehen sogar Herz-Kreislauf-Erkrankungen mit der Insulinresistenz in Verbindung.

Die Folgen für Ihre Hormone

Die Insulinresistenz greift auch in den Symptombereich »Hormone und Fruchtbarkeit« ein und verschlechtert die gestörte Hormon-Balance beim PCO-Syndrom zusätzlich. Befinden sich zu viele Insulin-Boten im Blut, binden sich diese auch an die Insulin-Rezeptoren des Eierstocks. Der Eierstock reagiert paradoxerweise sehr sensibel auf Insulin und

Bin ich insulinresistent?

Leider gibt es kaum handfeste Symptome, die auf eine Insulinresistenz schließen lassen. Erst bei stark erhöhtem Insulinspiegel kann es passieren, dass sich die Haut in der Leisten-, Achsel- und Nackenregion bräunlich verfärbt (sogenannte »Acanthosis nigricans«). Die betroffenen Stellen sehen dann so aus, als wären sie schmutzig. Ein eindeutiger Hinweis auf eine Insulinresistenz ist dies aber nicht. Da Frauen mit PCOS so häufig von Insulinresistenz betroffen sind, sollten Sie sich als Betroffene regelmäßig auf Störungen des Zuckerstoffwechsels (z. B. Diabetes) überprüfen lassen. Ob Diabetes vorliegt, kann Ihre Ärztin oder Ihr Arzt mit der Bestimmung des Blutzuckers oder einem Zuckerbelastungstest gut feststellen. Der beste Test, um eine Insulinresistenz zu diagnostizieren, ist allerdings so aufwendig, dass er nur in Studien verwendet wird. In der Praxis werden dann einfachere, aber nicht mehr ganz so genaue Tests (z. B. HOMA-Index oder Zuckerbelastungstest mit Insulinbestimmung) zur Feststellung verwendet. So können zwar viele Betroffene mit Insulinresistenz erfasst werden, aber möglicherweise nicht alle.

produziert nun im Zusammenspiel mit der Wirkung von LH vermehrt Testosteron. So wird die Bildung männlicher Hormone im Eierstock nochmals angefacht.

Der erhöhte Insulinspiegel bewirkt außerdem, dass in der Leber weniger SHBG (Seite 159) hergestellt wird. SHBG bindet Testosteron, wodurch es nicht mehr aktiv wirken kann. Ist SHBG vermindert (wie so oft beim PCO-Syndrom), entfaltet das ohnehin erhöhte Testosteron eine noch größere Wirkung.

Die Insulinresistenz trägt also gleich durch mehrere Faktoren zu erhöhten typisch männlichen Hormonen bei PCOS bei. Viele der PCOS-Symptome und die Beeinträchtigung der Fruchtbarkeit können als Folge der Insulinresistenz angesehen werden.

Wenn keine Insulinresistenz nachweisbar ist
Bei einem Großteil der PCOS-Patientinnen lässt sich eine Insulinresistenz diagnostizieren. Aber spielt Insulin bei den anderen dann gar keine Rolle? Es gibt Hinweise, dass auch bei schlanken Frauen mit PCOS, normalem Insulinspiegel und einer normalen Zuckerverwertung Insulin an der Überproduktion männlicher Hormone (Hyperandrogenämie) beteiligt ist. Man vermutet, dass dies über eine Übersensitivität des Eierstocks auf Insulin funktioniert, der besonders empfindlich mit der Bildung von männlichen Geschlechtshormonen reagiert. Daher können Sie, auch wenn keine Insulinresistenz festgestellt wurde, durch eine angepasste Ernährung zu einer Besserung Ihrer Beschwerden beitragen.

So trägt die Insulinresistenz bei PCOS zur vermehrten Bildung männlicher Hormone bei

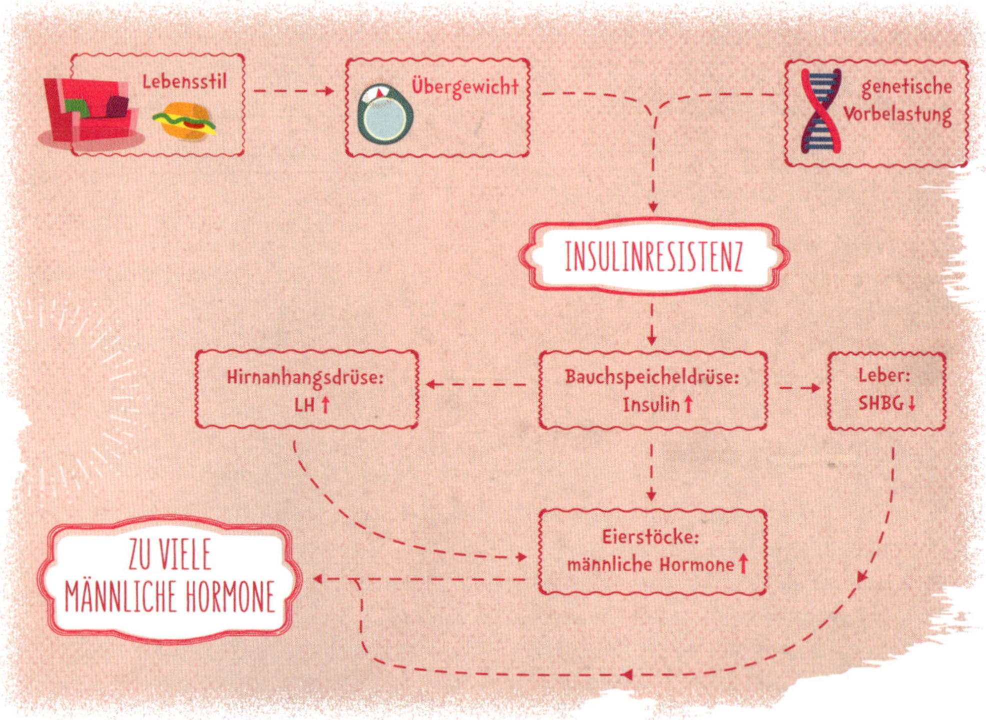

Stichwortverzeichnis

Liebe Leserin, lieber Leser,

hat Ihnen dieses Buch weitergeholfen? Für Anregungen, Kritik, aber auch für Lob sind wir offen. So können wir in Zukunft noch besser auf Ihre Wünsche eingehen. Schreiben Sie uns, denn Ihre Meinung zählt!

Ihr TRIAS Verlag

E-Mail-Leserservice
kundenservice@trias-verlag.de

Lektorat TRIAS Verlag
Postfach 30 05 04
70445 Stuttgart
Fax: 0711 89 31-748

Rezept- und Zutatenverzeichnis

Bibliografische Information der Deutschen Nationalbibliothek
Die Deutsche Nationalbibliothek verzeichnet diese Publikation in der Deutschen Nationalbibliografie; detaillierte bibliografische Daten sind im Internet über http://dnb.d-nb.de abrufbar.

Programmplanung: Uta Spieldiener
Projektmanagement: Annalena Müller
Redaktion: Annette Barth
Bildredaktion: Christoph Frick, Caroline Merdian
Umschlaggestaltung und Layout: CYCLUS Visuelle Kommunikation, Stuttgart

Bildnachweis
Umschlagfoto: Meike Bergmann, Berlin
Autorenfoto: Natalia Plakida Fotografie, www.plakida.com
Fotos im Innenteil: Meike Bergmann, Berlin
Grafiken: Grafikbüro Schaaf, Karlsruhe

1. Auflage 2019

Printed in Germany

Satz und Repro: Reemers Publishing Services GmbH, Krefeld
gesetzt in Adobe Indesign CC 2019
Druck: Westermann Druck Zwickau

Gedruckt auf chlorfrei gebleichtem Papier

ISBN 978-3-432-10823-0
Auch erhältlich als E-Book:
eISBN (ePub) 978-3-432-10824-7

1 2 3 4 5 6

Wichtiger Hinweis: Wie jede Wissenschaft ist die Medizin ständigen Entwicklungen unterworfen. Forschung und klinische Erfahrung erweitern unsere Erkenntnisse. Ganz besonders gilt das für die Behandlung und die medikamentöse Therapie. Bei allen in diesem Werk erwähnten Dosierungen oder Applikationen, bei Rezepten und Übungsanleitungen, bei Empfehlungen und Tipps dürfen Sie darauf vertrauen: Autoren, Herausgeber und Verlag haben große Sorgfalt darauf verwandt, dass diese Angaben dem Wissensstand bei Fertigstellung des Werkes entsprechen. Rezepte werden gekocht und ausprobiert. Übungen und Übungsreihen haben sich in der Praxis erfolgreich bewährt.

Eine Garantie kann jedoch nicht übernommen werden. Eine Haftung des Autors, des Verlags oder seiner Beauftragten für Personen-, Sach- oder Vermögensschäden ist ausgeschlossen.

Geschützte Warennamen (Warenzeichen) werden nicht besonders kenntlich gemacht. Aus dem Fehlen eines solchen Hinweises kann also nicht geschlossen werden, dass es sich um einen freien Warennamen handelt.